DIÁRIOS DE GAZA

DIÁRIOS DE GAZA

ORGANIZAÇÃO
ATEF ABU SAIF
ABD AL-SALAM ATARI
RAFAEL DOMINGOS OLIVEIRA
TRADUÇÃO
RIMA AWADA ZAHRA

Tabla

1

A MEMÓRIA É UMA CASA INDESTRUTÍVEL

Título original
كتابة خلف الخطوط — يوميات الحرب على غزة
Kitabat khalf alkhutut – yaumiyat alharb aala Ghaza

Direção editorial Laura Di Pietro
Edição Rafael Domingos Oliveira
Preparação de texto Eduarda Rimi
Revisão Isabel Cury
Capa e projeto gráfico Marcelo Pereira | Tecnopop
Diagramação Balão Editorial

Dados internacionais de Catalogação na Publicação (CIP)

D539

Diários de Gaza: a memória é uma casa indestrutível/ organizadores: Atef Abu Saif, Abd al-Salam Atari, Rafael Domingos Oliveira ; tradutora: Rima Awada Zahra. – Rio de Janeiro: Tabla, 2024.
136 p. ; 19 cm. – (Diários de Gaza, v. 1)

Tradução de: *Kitabat khalf alkhutut: yaumiyat alharb aala Ghaza.*
Tradução do original em árabe.

ISBN 978-65-86824-82-7

1. Gaza, Faixa de – História – Sec. XXI. 2. Ocupação israelense – Gaza, Faixa de – Narrativas pessoais. I. Abu Saif, Atef. II. Atari, Abd al-Salam. III. Oliveira, Rafael Domingos. IV. Zahra, Rima Awada. V. Série.

CDD 956.943005

Roberta Maria de O. V. da Costa – Bibliotecária CRB-7 5587

[2024]

+55 21 997860747
editora@editoratabla.com.br
www.editoratabla.com.br

SUMÁRIO

INTRODUÇÃO

Uma mulher sente o aroma forte do café enquanto a música de Beethoven abafa os bombardeios. Um homem, diante dos escombros, dialoga com Shakespeare, buscando nos dilemas de Hamlet e na brutalidade de Macbeth um espelho para sua própria desgraça. Um moinho de mão, que outrora moía o trigo das planícies férteis, evoca o som das montanhas distantes, das terras roubadas, onde os campos antes cultivados agora guardam a sombra de uma ocupação implacável. Entes queridos são arrancados deste mundo numa velocidade tão absurda que despedir-se deles se torna um luxo para poucos. Um diretor de cinema, com os olhos exaustos, atravessa um périplo mortal à procura de sua câmera, desejoso de capturar as cores da dor, as nuances da perda que o tempo e a história tentam apagar. Ele se vê como o último contador de histórias, consciente da verdade imortalizada pelo poeta: "Quem morre aqui não morre por acaso, mas quem vive, vive por acaso, porque nenhum pedaço de chão foi poupado pelos foguetes e nenhum lugar onde se possa pisar ficou a salvo das explosões".[1]

Escombros. Não uma, não duas, mas muitas vezes ressoam as mesmas indagações: o que levarei da minha casa? O que deixarei? Habitamos nossa casa ou é ela que nos habita? Esse é o eco de cada deslocamento forçado, a dúvida eterna daqueles que perdem tudo e, ainda assim, seguem adiante.

---

1 DARWICH, Mahmud. *Memória para o esquecimento*. Rio de Janeiro: Tabla, 2021.

Apesar de tudo, uma vontade imensurável de permanecer, de seguir. Uma esperança inabalável de que, um dia, o mundo será reconstruído, pedra por pedra, palavra por palavra. São relatos assim, que mergulham na profundidade de nosso ser, que constituem o cerne deste livro. Uma obra escrita em meio ao genocídio palestino, cuja fase mais recente completa um ano e 50 mil mártires. Apesar do peso dessa tragédia, as palavras aqui reunidas não se limitam ao presente: falam de futuro, de reconstrução.

Os textos deste volume são, simultaneamente, testemunhos de um tempo histórico e prenúncios de um mundo que está por vir. Um mundo destruído pela ganância, pelo desejo implacável de dominar, dividir, expulsar e exterminar. Mas também um mundo que pode ser reconstruído, desde que tenhamos a capacidade de ouvir as vozes aqui presentes, tão vivas quanto as lembranças de uma terra que, embora hoje ocupada, um dia foi livre.

Por que este livro? Parte da resposta está fora dele, nas telas que nos cercam. As imagens são aterradoras. A maioria é indescritível. Nunca um genocídio foi marcado por tamanha hipervisualidade, transmitido quase em tempo real. Ainda assim, o genocídio em Gaza continua a receber uma cobertura midiática vergonhosa, ignorado ou relativizado por parcelas significativas da população e das classes dirigentes mundiais.

Tal fato revela, ao menos, duas coisas: primeiro, um desequilíbrio evidente no valor atribuído às vidas humanas, um valor que é calculado com base em origens geográficas, pertenças raciais e práticas religiosas; segundo, e talvez mais importante, a comprovação de que a desumanização é uma prática material e discursiva cujas operações são realmente eficazes, produzindo vidas que não apenas podem ser, mas *devem* ser exterminadas.

Essa visão de mundo ética e humanamente distorcida, moldada pelo *ethos* neoliberal e explorada pela ideologia sionista, explica por que, após um ano de bombardeios que já ceifaram tantas vidas, incluindo milhares de crianças, nada de concreto tenha sido feito para impedir a perpetuação do extermínio.

Essa história não começou em outubro de 2023. Gaza, um dos territórios mais densamente povoados do mundo, tem sido palco de um genocídio contínuo por décadas. No coração da questão palestina, Gaza simboliza uma fronteira da humanidade, transgredida diariamente por uma ocupação brutal do Estado de Israel, com apoio, patrocínio e anuência, primeiro do maior império colonial da história — a Grã-Bretanha — e, posteriormente, do centro do capitalismo mundial, os Estados Unidos, que buscam dominar política, econômica e culturalmente o restante do planeta.

Os palestinos de Gaza têm pouco com o que contar: na maior parte das vezes, o mundo parece lhes virar as costas. Ainda assim, redes de solidariedade têm sido forjadas ao redor do globo. Movimentos sociais, ativistas, intelectuais e figuras públicas têm, cada vez mais, assumido uma posição de irrestrito apoio e defesa da vida palestina. Possivelmente, ao longo de quase oito décadas, este seja o momento de maior alcance mundial da causa palestina. Mas ainda é muito pouco. Daí, a importância deste livro.

Relatos em primeira pessoa possuem uma força extraordinária na construção de consciências. Ao longo da história moderna, testemunhos desse tipo desempenharam um papel crucial em diversas transformações sociais. Durante quatro séculos, a escravização de africanos moldou o chamado mundo atlântico, marcado pela brutal desumanização de 12 milhões de pessoas arrancadas à força de suas terras e de seus descendentes. A escravidão se configurou como uma instituição quase total, que permeava o cotidiano, moldava mentalidades e regulava práticas simbólicas. As causas do fim da escravidão são amplamente debatidas e podem ser atribuídas a mudanças econômicas, políticas e sociais. No entanto as transformações nas consciências de homens e mulheres que viveram esse período foram fundamentais para pôr fim ao infame comércio de seres humanos.

Entre o final do século XVIII e ao longo do século XIX, cerca de trezentas autobiografias de pessoas negras escravizadas ou libertas foram publicadas e circularam pelo Atlântico, denunciando os horrores da escravidão. Esses relatos, impulsionados pela luta abolicionista, destacaram a importância das histórias pessoais dos escravizados, reconhecendo que suas trajetórias individuais eram fundamentais, tanto como documentos históricos quanto como forças mobilizadoras. Esses testemunhos contribuíram diretamente para a construção de uma consciência antiescravista.

Quando nos voltamos para o genocídio judeu, fruto da Alemanha nazista de Hitler que levou o mundo à Segunda Guerra Mundial, dois nomes são fundamentais para lembrar o poder dos relatos pessoais: Anne Frank e Primo Levi. Seus textos — diários e memórias — foram centrais na formação de uma consciência global sobre o horror do genocídio e as ideias perversas que o sustentaram. Mais do que isso, eles nos revelam o significado de escrever enquanto se enfrenta a possibilidade iminente do extermínio. Podemos também mencionar o genocídio em Ruanda, cujos testemunhos pessoais foram reunidos na obra *Gostaríamos de informá-lo de que amanhã seremos mortos com nossas famílias*, de Philip Gourevitch, assim como a trilogia de Scholastique Mukasonga, que se destaca por preservar a memória ao mesmo tempo em que carrega a esperança de sobrevivência em meio à possibilidade do desaparecimento. No Brasil, *Quarto de despejo: diário de uma favelada*, de Carolina Maria de Jesus, é já um clássico incontornável sobre a vida nas periferias, além de um contraponto contundente ao discurso desenvolvimentista do regime militar.

Os textos deste livro são testemunhos únicos do que se passa em Gaza, narrados pelos próprios palestinos, mas também fazem parte de um fenômeno universal no qual histórias em primeira pessoa constituem um repertório humano que deve ser preservado, defendido e transmitido às gerações futuras.

As autoras e autores presentes neste volume, são escritores de ofício em Gaza. Romancistas, poetas, roteiristas. São artífices das palavras e, por essa razão, seus textos vão além do registro testemunhal, extrapolando os limites da descrição fria de eventos, estabelecendo-se também no campo da literatura.

Na Palestina, a literatura desempenha um papel crucial, pois, sendo aquele um território sob dominação de uma forma, ao mesmo tempo, típica e particular de colonialismo, é natural que a memória, o conhecimento, as produções culturais e o patrimônio sejam alvos da destruição colonizadora.

Dominar um povo, expulsá-lo de suas terras, desenraizá-lo, exterminá-lo, significa também impedir que suas referências culturais — sua capacidade ficcional, memorial — sobrevivam e floresçam. Assim, a literatura e a arte constituem parte essencial da resistência anticolonial, aquilo que também conhecemos como a *sumud* palestina: a capacidade de enfrentar a opressão com dignidade e perseverança.

Essa longa tradição de resistência ecoa nas vozes de Mahmud Darwich, Ghassan Kanafani, Edward Said, e, mais recentemente, em poetas e escritores como Liana Badr, Aicha Odeh, Hiba Kamal Abu Nada, Refaat Alareer, Muhammad Taysir, Ahmad Assuq, entre outros. Com a publicação deste primeiro volume dos *Diários de Gaza*, catorze autores, até então inéditos no Brasil, se somam a essas referências. São eles que, através da palavra, mantêm viva a memória de um povo, transmitindo-a de geração em geração.

Este repertório também desempenha um papel fundamental para nós, que não vivemos no território palestino ou que não somos palestinos. O que ocorre em Gaza desde outubro de 2023, e o que ocorre no território palestino há pelo menos 76 anos, é a síntese de todas as crises: política, econômica, ambiental, social, racial, territorial, religiosa, ética e, a pior de todas, a crise de humanidade. Representa uma linha, uma fronteira que significará um ponto sem retorno.

Nós, que testemunhamos essa fronteira sendo ultrapassada, temos uma missão histórica. A missão de participar ativamente da libertação dos palestinos, sim, mas, sobretudo, a missão de libertar a nós mesmos, de salvar a nós mesmos do monstro mais grotesco e terrível que assombra nossa espécie: a indiferença.

Esse é o ponto nodal. O genocídio palestino não é apenas uma tragédia distante, um evento a ser observado com passividade ou frieza. Ele é o espelho da nossa humanidade, ou da falta dela. A indiferença frente à violência brutal que se desenrola diante de nossos olhos é um reflexo da desintegração ética da sociedade contemporânea. Se permitirmos que a Palestina seja apagada do mapa e da memória, o que será de nós?

Os textos deste volume, intitulado *A memória é uma casa indestrutível*, estão inseridos na cronologia dos fatos e foram escritos nos primeiros três meses do genocídio em Gaza. Muitos descrevem os acontecimentos de 7 de outubro de 2023 e as primeiras horas de bombardeios massivos. São registros de deslocamento forçado, uma espécie de exílio na própria terra, que combinam descrições realistas com prosa poética, usando metáforas e imagens simbólicas poderosas.

Originalmente publicado em árabe sob o título *Kitabat khalf alkhutut — yaumiyat alharb aala Ghaza* (Escrevendo atrás dos *fronts*: diários da guerra em Gaza), o projeto foi idealizado e organizado por Atef Abu Saif e Abd al-Salam Atari. A versão brasileira, traduzida do árabe por Rima Awada Zahra, é uma seleção dos textos originais, realizada em diálogo com os organizadores na Palestina, que oferece ao público brasileiro uma perspectiva profunda e em primeira pessoa do horror do genocídio, assim como da força poética do povo palestino.

Este livro demonstra que a escrita em tempos de perigo não é apenas reativa — um grito diante da opressão —, mas propositiva. Os testemunhos nos mostram que, mesmo em meio à destruição, existe a possibilidade de construção, de imaginação e de futuro. Eles nos convidam a imaginar um mundo onde a humanidade possa se reconciliar com sua própria dignidade. A leitura de *Diários de Gaza* não deve ser passiva; deve inspirar ação, empatia e um compromisso inegociável com a justiça.

Rafael Domingos Oliveira
setembro de 2024

PREFÁCIO

A guerra terminará um dia e nós lembraremos continuamente de todas as histórias que vivemos enquanto construíamos nossa vida e nossa sobrevivência, apesar de Netanyahu e de seus generais. A guerra terminará e o soldado assassino contratado voltará para sua cama, obcecado por nosso sangue, e nós permaneceremos como uma maldição que o assombra, porque não caímos, mas ficamos de pé como árvores, cantando com os pássaros por nossa tão sonhada liberdade.

A guerra terminará, os invasores irão embora e nós voltaremos para recolher nossos sonhos da poeira dos edifícios e das fronhas rasgadas dos travesseiros. Buscaremos os restos mortais dos corpos daqueles que amamos; replantaremos o jasmim na porta de casa e nos certificaremos de consertar o cano no teto do banheiro; trabalharemos para pendurar novamente os lustres nas varandas para iluminar o caminho dos passantes e contemplaremos o mar com o olhar de um amante cheio de saudade, contando as ondas uma e outra vez, relembrando quantas ondas perdemos na guerra.

A guerra terminará e levaremos conosco o forno de barro como lembrança de nossa jornada — um retorno a um passado remoto — e os restos de um fogão que era a coisa mais preciosa que possuíamos e que usávamos diante da tenda para suportar a dureza da vida. Nos agarraremos a um pouco do fogo que escapa da memória e cozinharemos a fome do futuro, enquanto olhamos com espanto para a crueldade dos assassinos; e tiraremos nossas fotos de um álbum que o monstro destruiu e remodelaremos o passado até que ele seja digno de toda essa memória.

A guerra terminará um dia e voltaremos para casa, atravessaremos o vale que testemunhou nossa partida, abraçaremos aqueles que deixamos para trás nos escombros das casas e no sopro da poeira que se levanta do crepitar do cimento em ruínas; e teremos o cuidado de carregar nossos sonhos em nossas malas depois de jogarmos fora as roupas velhas, grudadas no corpo de tanto que as usamos; e continuaremos procurando as canções de nossas avós nas soleiras das casas que desapareceram e onde só restaram pedras, que se remodelam sempre que olhamos profundamente para a memória da casa. A guerra terminará, os canhões vão se calar, os drones dormirão, os aviões aterrissarão, os soldados adormecerão no bojo do navio de guerra e nada restará no vale além de pedras.

Pessoas como nós, que viveram a guerra em Gaza, que acordavam e se davam conta de que estavam vivas, desenvolveram maneiras de sobreviver o resto do dia, contando histórias, narrando situações e contemplando paradoxos que indicavam fortemente que aquilo que vivíamos não era apenas uma nova experiência de vida ou mais um experimento.

A missão do escritor é escrever e contar sobre os outros, porque a convivência é a essência da ideia de vida e da ideia da continuidade da vida. A prática de escrever em tempos de perigo faz parte da luta pela vida. Não se trata de um *hobby*, mas de um meio de não desaparecer. Portanto escrever não é um luxo, e sim outra expressão desse combate. Durante minhas diversas reuniões em Jabalia e na cidade de Gaza antes de sermos deslocados para o sul e, depois disso, em Khan Yunis e nas tendas em Rafah, fiquei surpreso com o fato de que muitos de meus colegas escreviam no telefone celular o que vivenciavam, enquanto outros redigiam no papel, quando havia. Além disso, alguns artistas visuais, apesar da destruição de seus estúdios e da perda de suas telas, tintas e ferramentas, expressavam a vida cotidiana por meio de desenhos e esboços que eram dignos de novas pinturas. O artista busca imortalizar a vida. A arte nada mais é do que uma expressão essencial da vida, não uma imitação ou simulação dela no sentido aristotélico.

Este não é um livro sobre Gaza, e sim sobre as pessoas, o lugar e a vida durante a guerra em Gaza, que ameaça sua existência e a nossa como palestinos. Os *Diários de Gaza* constituem um testemunho de vida, firmeza e sobrevivência; são textos humanamente honestos, escritos por um grupo de escritores, artistas e agentes do setor cultural de Gaza. Os colaboradores desta obra ainda estão vivendo a guerra; muitos perderam entes queridos e membros da família e foram forçados a se deslocar de um lugar para outro em busca da sobrevivência.

É uma escrita por trás dos *fronts*, da fronteira entre a vida e a morte e das linhas do inimigo que está sitiando Gaza por terra, mar e ar. São textos escritos em diferentes lugares, linguagens e jeitos por quem derrotou a guerra e derrotou a morte. O valor desses textos é que foram escritos *em* Gaza, e não *sobre* Gaza; concebidos enquanto o bombardeio e a destruição perseguiam o escritor e a morte o agarrava pela gola da camisa, e não no conforto do lar.

Esta não é uma guerra comum. O ataque a pessoas, pedras e árvores no último ano não tem precedente na história das guerras. Trata-se da destruição intencional de um povo, de sua história, de seu patrimônio intelectual, cultural, humano.

Atef Abu Saif

YUSSEF AL-QUDRA

Poeta e pesquisador, graduou-se em Língua Árabe e Mídia na Universidade Al-Azhar e fez mestrado em Crítica Literária no Instituto de Pesquisa e Estudos Árabes. Publicou cinco coletâneas de poesia, incluindo *Baraat alaatam, laalak* e *Dumuaha tabki al kharab*. Suas obras foram traduzidas para o inglês, o francês e o espanhol e publicadas em periódicos americanos, europeus e árabes.

Dos diários da guerra em Gaza

Eles dormiam. Às três da manhã, os aviões das forças de ocupação israelenses sobrevoaram, se aproximaram e, em um instante, três andares estavam no chão. Em um segundo, perdemos todos os moradores da casa, que fica no meio da cidade. Vinte e seis mártires, a maioria mulheres e crianças.

Minha irmã Chaima, sua filha Marwa e seu marido estavam entre as vítimas do brutal bombardeio israelense. Em circunstâncias difíceis de comunicação, recebemos a notícia às seis da manhã. Meu irmão e eu fomos até lá e ficamos desamparados diante dos escombros, que só o poder divino seria capaz de remover. Desde o primeiro momento, percebi que ninguém havia sobrevivido, pois o ataque tinha juntado o teto dos três andares. Os homens da Defesa Civil procuravam entre as ruínas por vozes, corpos, esperança. Não havia nada ali além de desamparo e do cheiro da morte.

Esperamos até às nove da manhã, quando uma escavadeira apareceu para tentar remover os escombros. Com muito cuidado conseguiram retirar cinco corpos de crianças e os transferiram para o Hospital Nasser. A escavadeira continuou trabalhando até perder a capacidade de prosseguir, pois os escombros exigiam uma máquina mais potente e especializada. Eram onze da manhã. As ambulâncias e os homens da Defesa Civil aguardavam a chegada de uma Bagger no local. A espera foi longa. A máquina executou seu trabalho por quatro horas. Às três da tarde, 26 corpos foram retirados. Ninguém havia sobrevivido.

As ambulâncias transportaram os corpos para o hospital, onde as vítimas foram identificadas e suas informações coletadas. Elas foram amortalhadas e receberam orações e um último olhar no pátio do hospital. Depois foram levadas em um caminhão aberto para o cemitério e enterradas em uma vala comum.

Elas dormiam, e permaneceram dormindo.

Quanto à minha mãe, que deu à luz Chaima — a caçula, a mais próxima e mimada — e viu nascer sua neta Marwa, que ainda não havia completado dois anos, a notícia das perdas a destruiu. Mas ela, mais forte que uma montanha, continuou paciente, orando, glorificando a Deus, armazenando suas lágrimas para o inverno que se aproximava.

Quanto a meu pai, a primeira vez que o vi chorar foi no hospital ao ver Chaima e Marwa. Ele chorou como uma criança. Naquela noite, tinha ficado acordado até tarde com elas.

Quando ele estava indo embora, a neta Marwa ficou grudada nele, e disse: "Tchau, tchau, vovô", frase que meu pai repetia no hospital, no cemitério e durante nosso retorno. Ele estava em estado de choque. Eu sabia o quanto era afeiçoado a elas e temia que ele perdesse o juízo.

Quanto a mim, deixei Chaima há onze anos, quando ela ainda era uma menina de dez anos. Quando voltei, encontrei-a casada e com uma filha de quase dois anos, que se parecia incrivelmente com a mãe nessa idade, tanto na aparência como no espírito. Ela foi a celebração que iluminou meu retorno ao país. No entanto, essa felicidade não durou muito. Terminamos com um longo dia na praia, na sexta-feira que antecedeu a "guerra" que consumiu toda a vida disponível em uma pequena área geográfica, que há dezessete anos estava sitiada.

Não chorei por minha irmã, sua filha e seu marido. Não caiu uma única lágrima. Imediatamente após o enterro, eu estava ocupado contando as histórias das pessoas deslocadas do norte para o sul, como se eu não tivesse uma história. Um deslocado que deixou sua própria história para viver a história dos outros.

Deslocado da minha dor para a dor dos outros, minhas lágrimas me afogam num choro maior e mais amplo, que se estende por toda a Faixa de Gaza: de um norte sangrento a um sul também sangrento; de um leste escaldante a um mar desolado.

Eu estava sentado, desamparado e arrasado diante da tragédia do desabamento da casa dos vizinhos sobre seus moradores, sobre mais de vinte pessoas que aguardavam sua vez na barbearia no térreo do prédio e sobre aqueles que estavam na loja de acessórios para celular. Em um instante, o edifício de quatro andares desmoronou, criando uma enorme nuvem de poeira e fumaça que cobriu a vizinhança. Minutos depois, Ahmad foi levado para fora como mártir. A ambulância o conduziu ao Hospital Nasser, onde foi envolto em um pano branco e as orações foram feitas. Sob o ruído de aviões, rapidamente seu corpo foi levado para o cemitério e enterrado.

A história não termina aqui. A mãe e as duas irmãs de Ahmad ainda estavam sob os escombros. O trabalho de remoção começou com a escavadeira que viera de Al-Kharj. Dos que estavam na barbearia: Abu Mahmud e Mahmud al-Tabach, pai e filho primeiro... mártires. Ali Amer... mártir. E assim por diante, um mártir após o outro...

A noite caiu, o trabalho parou e, sob os escombros, ainda restava a família do meu vizinho e amigo Ali al-Chena, que vivia em outro apartamento. Mais tarde, dois outros massacres ocorreram na mesma área: dois blocos residenciais foram destruídos e houve dezenas de mártires de diferentes famílias. Menciono isso para mostrar que a quantidade de máquinas de trabalho é insuficiente. Principalmente a Bagger, que é capaz de remover os escombros. Pela manhã, descobrimos que teríamos de esperar muito tempo pela chegada dela.

Trinta horas se passaram desde o momento do bombardeio. A esperança de que alguém tivesse sobrevivido desapareceu. O objetivo final era honrar os mortos e enterrá-los. Uma escavadeira chegou e não conseguiu trabalhar de forma eficaz e profissional, mas ajudou a retirar duas crianças, martirizadas.

Metade do prédio estava empilhado na rua, e a outra metade sobre a esposa e as duas filhas do meu amigo Ali al-Chena. Enquanto vagavam entre os escombros, ouviram uma voz vinda debaixo deles. Um milagre de Deus, era a voz de Afnan. Depois de mais de 36 horas, ainda havia vida sob os escombros. Trouxeram um escavador, que cavou um túnel até o local da voz e da menina. Ela estava bem, consciente, apenas com arranhões no rosto e no peito. Com sua saída, a esperança voltou, e a vida retornou ao rosto do pai, do irmão e dos tios, pela graça de Deus.

A noite retornou e, com ela, a mesma espera implacável. A esposa e a outra filha de Ali al-Chena ainda estavam sob os escombros, mas o trabalho tinha que parar. Com muita insistência, continuaram até altas horas, mas sem sucesso!

Na manhã do terceiro dia, graças ao relato da sobrevivente Afnan, que disse que a irmã estava brincando à sua frente e a mãe sentada no sofá lendo o Alcorão, os homens começaram a cavar entre os escombros, tentando alcançar o local descrito. Trabalhavam com as mãos desnudas e cheios de esperança.

Durante os três dias, meu amigo Ali al-Chena permaneceu firme, louvando, agradecendo, e, de vez em quando, algumas lágrimas escapavam do fogo em seu peito. Sua força nos deu força, mas a firmeza que reconhecemos nele, não escondeu de nós a enxurrada de dor que brilhava em seus olhos. Ele foi paciente e resiliente.

O trabalho com as mãos desprotegidas continuou. Depois de três dias, a mãe de Ahmad, o outro vizinho, emergiu dos escombros como mártir, e sua filha também. Elas se juntaram a Ahmad, vivas com seu Senhor.

Ninguém escapou. Deixamos o local sob o bombardeio de mísseis, cinturões de fogo e bombas de fósforo branco, que os aviões de guerra da ocupação israelense lançavam sobre nós. Saímos correndo sem nada, passando por cima de cadáveres, objetos e incêndios — o céu escondido de nós por enormes massas de fumaça. Saímos de casa, incapazes de nos orientar, com os filhos nos ombros. Avançamos o máximo que pudemos em todas as direções. A cada passo, olhávamos ao redor e só víamos loucura e histeria. Depois de percorrer cerca de um quilômetro, começamos a inspecionar uns aos outros. Tentamos reunir o grupo, que estava disperso, mas faltavam pessoas: meu filho mais velho e suas duas filhas. Depois de meia hora, ele apareceu. Perguntei-lhe sobre as meninas, e a resposta ficou evidente em seus olhos e na enxurrada de lágrimas. Sugeri ao meu filho do meio que partisse com a família. Disse a ele que fosse o mais longe possível, para os abrigos ao sul de Wadi Gaza. Meu filho mais velho e eu voltamos para onde ficava a casa, cuja metade havia caído e a outra permanecia suspensa no ar. Lá, procuramos por minhas netas. Havia muitos corpos no local e pessoas feridas, sangrando. Os primeiros socorros foram prestados ali mesmo.

Abu Bal, sentado, com a mente distante, contava para mim a história da sua jornada desde Al-Karamah, ao norte de Gaza, até chegar aqui e se reunir com sua família. Ele havia perdido a casa e duas netas na cidade de Khan Yunis.

"Encontramos as duas meninas afogadas no próprio sangue. Eu carreguei a primeira, e o pai delas, a segunda. Caminhamos entre os feridos e as casas amontoadas sobre si mesmas e sobre seus habitantes. Andamos cerca de dois quilômetros antes de encontrar um carro que nos levasse ao hospital, que estava lotado de pessoas fugindo da morte, de mortos e de feridos. Chegamos à sala de emergência, e o cenário era absurdo. Os médicos confirmaram que as duas meninas haviam falecido e ordenaram a transferência dos corpos para o necrotério, com os dados de ambas. Nós as embalamos e oramos com aqueles que tiveram a generosidade de nos ajudar no hospital. Depois, levamos as meninas no carro funerário para o cemitério próximo e as enterramos — assim, na velocidade da luz, sem tempo para uma única lágrima ou mesmo um suspiro. Tudo acontecendo sob o ruído dos aviões e dos bombardeios contínuos aqui, ali e em toda parte."

Uma lágrima brilhou nos olhos de Abu Bal, que tinha mais de sessenta anos de idade e uma cabeça coberta de belos cabelos grisalhos — o que lhe aumentava a dignidade. Ele soltou um suspiro que estremeceu meu corpo e continuou seu relato.

"Não sabia onde estava minha família, não sabia para onde ir. Eu me apoiei em meu filho, que, tendo perdido duas filhas, precisava de alguém em quem se apoiar. Tentamos várias vezes entrar em contato com meu filho do meio para descobrir aonde ele havia ido. Eu não tinha parentes ou conhecidos no sul e não sabia se ele havia de fato rumado para lá ou se tinha escolhido outra direção. Fiquei sentado na calçada, esperando por uma ligação ou uma resposta. Depois de duas horas, veio o telefonema: 'Pai, estamos no abrigo do Crescente Vermelho Palestino em Khan Yunis'. 'Graças a Deus. Nós iremos até vocês, *inchallah*.' Desliguei o telefone sem nem sequer falar sobre as duas meninas.

Enfrentamos a difícil tarefa de conseguir um carro que nos levasse da Cidade de Gaza para Khan Yunis em meio a bombardeios e estradas bloqueadas. Tentei com todos os carros que passavam. Seguíamos em frente e pedíamos, seguíamos em frente e esperávamos, seguíamos em frente e oferecíamos o dobro do valor, até que um motorista decente apareceu e concordou em nos levar.

A estrada não estava fácil. Havia muitas vias interditadas devido aos bombardeios. Depois de uma hora, saímos da Cidade de Gaza e percorremos a estrada de Salah al-Din em direção ao sul. Queríamos chegar a qualquer lugar para ter um pouco de segurança, descansar e tentar assimilar o que havia acontecido. Tudo de que me lembrava era de estar na segurança de Deus, em casa, preparando o café da manhã quando a loucura começou."

"Recebi leite Ninho e Pampers", diz um pai à esposa ao voltar, contente, carregando uma lata de leite em pó e uma sacola de fraldas para as crianças. Se você perguntar se isso é motivo de alegria, a resposta é sim: o Ninho representa a sobrevivência de uma criança nos próximos dias, e Pampers a preservação de sua saúde. As mães são forçadas a usar qualquer pedaço de pano disponível, o que frequentemente resulta em doenças de pele, e não há hospitais preparados para lidar com isso sob o espectro de uma "guerra" maldita, que só produz ferimentos graves e mártires. Então, as mães têm que lidar com a situação com quaisquer recursos disponíveis.

Duas latas de feijão, duas de mel preto, duas latas pequenas de queijo, uma de amido e duas garrafas de água: essa é a cota de uma família média de, pelo menos, sete pessoas.

Um pai desabrigado que perdeu sua casa carrega a caixa. Ele está feliz com isso. “Finalmente, vou beber um gole de água potável”, diz, como se tivesse alcançado o céu.

“Essa comida enlatada é boa e abençoada, faz parte da ajuda que entrou pela passagem de Rafah destinada à organização Crescente Vermelho Palestino”, alguém elogia.

Na caixa, lê-se o nome do remetente: *Egyptian Food Bank.*

“Talvez na próxima semana a provisão seja menor”, diz o homem, e acrescenta: “O problema continua sendo o pão!”.

“Só as mulheres podem pegar!”, grita, feliz, uma mulher que retorna da fila da padaria, carregando um pão inteiro. É uma grande vitória, se você quer saber, pois com esse pão ela garante o alimento da família por um dia, e talvez sobre um pouco para o café da manhã do dia seguinte, mesmo que seja simplesmente pão. Economizar em alimentos é uma necessidade inescapável. “Meu Deus, estou saindo de madrugada porque as crianças foram dormir sem jantar”, justifica a mulher. Sua alegria e essas pequenas vitórias e conquistas significam a vida em sua essência, e esse é um povo intensamente obstinado pela vida.

“Escapamos do inferno dos mísseis, do fogo e da destruição e chegamos ao inferno da vida: entrar no banheiro em fila, comer em fila, comida escassa, dormir em turnos por causa do espaço limitado disponível e da falta de roupa de cama. Até mesmo um gole de água requer um milagre”, diz uma mulher de cinquenta anos, deslocada da Cidade de Gaza para um abrigo na cidade de Khan Yunis, e acrescenta: “Espero o martírio de Deus”.

E quando você lhe dá um tapinha no ombro e diz duas palavras gentis, descobre que o inferno abriu as portas, ao ouvi-la contar: “Os filhos do meu filho estão sob os escombros, não sabemos se vivos ou mortos, se foram encontrados e enterrados ou se continuam lá”.

Ela fica em silêncio por um tempo; depois fala com lágrimas nos olhos, que se recusam a cair: “São crianças. Meu coração está partido, eu não queria deixá-las, não queria ir embora. Fui levada contra a minha vontade. Alguém deixa seu coração e vai embora?”.

Há 1.250 crianças desaparecidas sob os escombros, de acordo com o Ministério da Saúde. Há 1.250 histórias de dor e de sofrimento, e há a sensação de que o mundo está sendo destruído com o apagamento de crianças inocentes de forma brutal, trazendo solidão ao coração dos familiares sobreviventes.

“Meu Deus, somente aqueles que voltaram para seu Senhor sobreviveram. Seu Senhor é mais misericordioso com eles do que este mundo injusto. Nós, os viventes, morremos todos os dias mil vezes, mil vezes morremos, ó Deus.”

“Eles bateram no país com um martelo, esmagaram o *verde e o seco*”,[2] diz um jovem de vinte e poucos anos que voltou decepcionado de uma jornada em busca de uma padaria, para trazer

---

2 *Al akhdar wal yabess*, é uma expressão em árabe usada para descrever uma situação em que nada é poupado, como em uma calamidade ou destruição que afeta tudo e todos indiscriminadamente. A expressão é recorrente nos textos deste volume.

pão para a família. Todas as padarias da região pararam de funcionar, pois não há gás.

"Eles distribuem farinha para as pessoas. As pessoas estão se virando, estão amassando e assando", e repete, com raiva: "Estão se virando".

Alguém responde que ainda há uma padaria aberta no centro da cidade, mas que as pessoas se amontoam como numa pintura em miniatura do Dia do Juízo Final.

"Sim, mas o que podemos fazer? Vamos dar biscoitos para as crianças? Elas não comem pão há dois dias!"

Todos seguem em direção à padaria, sabendo que uma longa espera os aguarda... é inevitável!

Um homem tinha acabado de chegar do norte da Faixa de Gaza, depois que, no início da operação terrestre, as forças de ocupação israelenses e seus tanques, separaram o norte e o sul. Ele parecia aterrorizado, seu rosto transparecia confusão e havia mudado de cor. Eu estava sentado ao lado do carro do meu irmão, esperando para carregar a bateria do celular e deixando que a luz do sol lavasse o cansaço que se apoderara de mim.

O homem veio em minha direção e me perguntou, gaguejando: "Posso procurar um lugar para dormir aqui? Aqui é seguro?".

Sua pergunta sobre segurança coincidiu com a queda repentina de um míssil ao longe. Uma nuvem de fumaça se formou, bloqueando a luz do sol da manhã. Depois que meu coração se acalmou do tremor causado pelo estrondo, olhei para o homem com um sorriso forçado. Ele não sorriu para mim.

"De onde você é, *aamu*[3]?", questionei.

"De Zeitun. Cheguei há uma hora."

"Como?", perguntei, surpreso.

Com todos aqueles tanques, não era nada fácil cruzar as estradas que ligam a Cidade de Gaza ao sul; e, desde que a Faixa foi dividida em duas metades pela força das armas do céu, da terra e do mar, eu não tinha conhecido ninguém que tivesse feito isso.

"Como você chegou até aqui, *aamu*?", repeti.

"Vim a pé. Escapei de Zeitun pelas ruas laterais e cheguei à rotatória. De lá, subi numa carroça puxada por cavalo e segui com os passageiros por cerca de três quilômetros até a estrada Salah al-Din. Então saltei e andei... andei... andei."

"Os tanques estão bloqueando a estrada. Como você passou por eles?", perguntei.

"Havia tanques e muitos corpos em decomposição — ninguém se atrevia a se aproximar deles."

"Você passou pelos tanques a pé?"

"Não, antes de eu chegar até eles, uma família me ofereceu carona e eu passei com ela pelos tanques. O carro foi parado e todos nós saltamos e levantamos as mãos. Os homens tiraram a camisa para fora da calça. Agimos assim por medo; nossos olhos se moviam entre os tanques e os cadáveres. Meu Deus, o medo nos consumia. A gente levantava as mãos, virava de um lado, depois do outro; parava, depois virava, sempre olhando uns para os outros como se estivéssemos roubando. Não vimos

3 "Tio" em árabe. Forma comum de tratamento que denota familiaridade e afeto. Pode também ser usado para se referir a um homem mais velho de forma respeitosa.

soldados, vimos cadáveres... muitos cadáveres nos dois lados da estrada, alguns deles tinham começado a se decompor!"

Por um tempo, ele ficou em silêncio... eu também. Então olhou para mim, e disse: "Sede". Em voz baixa, como se estivesse me confiando um segredo, acrescentou: "Tem um copo d'água?".

Liguei para o dono do bar próximo. "Dois cafés e uma garrafa de água potável, pela vida de sua mãe". Perguntei ao homem: "Você já comeu?".

"O quê? Não como nada há dois dias."

"Eu também não tomei café da manhã. Vamos comer juntos."

"Ontem, fiz a oração da manhã, saí de Zeitun e cheguei ao alvorecer de hoje. Como você pode ver, o caminho que leva, no máximo, uma hora de carro, levou 24 horas — de terror, cansaço e esperança", acrescentou.

Ele segurou a garrafa de água nas mãos como se fosse o dono do mundo e bebeu até que a vida voltasse a seu rosto. Cada célula dele se alegrou, e seus olhos brilharam com louvor e agradecimento a Deus. Meu sobrinho trouxe o café da manhã que havia.

"Coma você. Meu Deus, eu só quero um lugar para dormir".

"Vamos comer primeiro. Não se preocupe, pensaremos em dormir depois de comer."

"Depois de passar pelos tanques, a estrada estava segura?", perguntei.

"Muito mais, mas o destino daquela família ficava no meio do caminho. Então desci do carro, agradeci o favor e continuei andando pela Salah al-Din. Naquele momento, o sol estava se pondo e a noite começava a cair. Caminhava um pouco e descansava; de vez em quando, ouvia os bombardeios, sem saber de onde vinham. Por volta da meia-noite, me encontrei na parte oeste de Khan Yunis. Sentei-me embaixo de uma árvore, depois segui até chegar aqui. Tenho conhecidos em Khan Yunis e tentarei entrar em contato com eles depois de descansar, pois não tenho um telefone celular para ligar para ninguém nem sei os números de cor."

"Sua família ainda está lá ou eles vieram para cá antes de você?", perguntei, surpreso por ele estar sozinho.

"Minha família está bem, graças a Deus. Eu os reconheci e os enterrei. Eles estão com seu Senhor agora."

Fiquei em silêncio. Não tive palavras de conforto. Todas as palavras perderam o significado com essa loucura que estamos vivendo. Liguei para um dos voluntários do Crescente Vermelho Palestino, contei brevemente sobre a condição do homem e pedi que lhe arranjassem um colchão, um cobertor e um lugar para dormir.

O voluntário atendeu meu pedido e levou o homem ao parque da organização, onde encontrou um lugar em meio a uma grande multidão de pessoas deslocadas do leste de Khan Yunis, do norte do vale e de todos os lugares da Faixa de Gaza cujas casas haviam sido destruídas.

LAYAN ABU AL-QUMSAN

Escritora e artista, nasceu em Gaza em 2006. Está concluindo o ensino médio na Escola Secundária Arafat. Premiada por suas histórias e desenhos, tanto em nível local quanto no mundo árabe.

Sede

Um, dois, três, quatro, quinze dias de sofrimento e deslocamento. Um, dois, três, quatro, cinco mil mártires até este momento, e talvez mais. Um, dois, três, quatro, cinco mil feridos diariamente. Uma, duas, três, quatro, cinco garrafas de água salgada devem ser suficientes para hidratá-los por um tempo cuja duração desconheço e ninguém neste país sabe. Devem ser suficientes para mantê-los vivos, porque o sobrevivente debaixo dos escombros não sobrevive à secura da garganta por mais de três dias.

Despejo a água e penso: por que não vivemos em um mundo onde é possível dobrar nossa casa e levá-la conosco quando fugimos? Por que não podemos protegê-la com um grande escudo capaz de resistir a qualquer tipo de golpe, para que possamos nos sentir seguros e não fugir? Por que não vivemos em um mundo onde não somos forçados a abandonar a casa que construímos?

Minhas lágrimas caem sobre a água do recipiente e me despertam de meus pensamentos. Minhas lágrimas são tão salgadas quanto os mares do mundo.

Contemplei a água por um breve momento, enquanto meus olhos se moviam entre ela e a criança sentada de pernas cruzadas no chão à minha frente. Brincava com biscoitos e criava diferentes formas. Ela não tem nem oito anos de idade. Eu a repreendi pela manhã, proibindo-a de comer qualquer coisa que pudesse lhe dar sede. Agora, vi que ela havia criado uma casa com os biscoitos, parecida com a nossa, e olhava absorta para ela.

Aproveitando-se da minha distração, seu irmão mais velho roubou uma garrafa de água e a bebeu quase de uma vez, pensando que saciaria sua sede. Ele engoliu bem depressa o conteúdo da garrafa, mas logo cuspiu tudo e, devido à grande quantidade de sal, vomitou a comida que estava em seu estômago. Amaldiçoo nossa situação e todos que a causaram, pois não há água para limpar a bagunça que ele fez no abrigo.

A água já é tão salgada que minhas lágrimas não a afetavam ao se misturarem a ela. Depois de ver essa cena, esvaziei o recipiente; não vou deixar meus filhos beberem água salgada.

Decidi sair do abrigo, deixando cinco pessoas sedentas atrás de mim e lhes fazendo falsas promessas: de que teriam água fresca que valeria a paciência delas.

Uma, duas, três, quatro, cinco horas se passaram, e eu voltei. Um, dois, três, quatro, cinco mísseis caíram próximo ao acampamento, vindos dos aviões que cruzam o céu.

Um, dois, três, quatro, cinco corpos foram retirados dos escombros, cadáveres sem vida, seus rostos estavam secos, e não havia mais ninguém que eu pudesse convencer da doçura da água salgada nem da minha capacidade de encontrar água fresca.

Uma, duas, três, quatro, cinco garrafas de água salgada rolaram entre os escombros... intactas, arrancadas pelas mãos da multidão que veio ver os corpos daqueles que morreram de sede.

Entre a morte e o deslocamento

"Termine rápido, ou vão tirar você nua dos escombros." Com essas palavras sarcásticas e uma expressão de raiva, ela joga a toalha em mim e fecha a porta. Ignoro o que ela disse e me viro. O banheiro aqui é pequeno, tão apertado quanto uma cabine telefônica.

À minha frente não há nada além da torneira — uma simples alavanca que gira para a direita e para a esquerda, conectada a um cano longo e torto que chega até a altura do meu joelho. É preciso sentar no chão para conseguir tomar banho. Seguro um pedaço de sabão quase no fim, uma relíquia herdada e usada por muitas mãos ao longo de um mês, absorvendo a sujeira de corpos até chegar a mim.

Giro a alavanca, e a água começa a descer. Sinto-a tocar minha pele, fria como a geada. Lavo o rosto primeiro e algumas gotas escorrem até a boca, atingindo-me a língua. Sinto o gosto amargo de cada gota, como se fosse fel.

O barulho dos aviões é ensurdecedor. Não sei se por causa do silêncio ao meu redor ou do eco dentro do banheiro, mas não me importo. Há água, há sabão — finalmente, posso me limpar. Coloco a cabeça sob a água e enxáguo o cabelo, cuja forma já esqueci. A água flui do cano para meu cabelo e, em seguida, para o chão. A água é como meu cabelo, como minha sorte — escuridão sobre escuridão sobre escuridão. Eu não sabia que a sujeira havia se acumulado tanto.

O som dos aviões acima de mim aumenta, e a ansiedade invade meu peito vazio. Esfrego o sabão entre as mãos com vigor, depois o aplico na cabeça, lavando o cabelo com força, da raiz às pontas, até meus braços se cansarem. O avião se aproxima, e sinto o vento vindo das asas entrar pela janelinha no teto, batendo contra meu corpo e me congelando.

Após muito tempo e esforço, a água se esvai. Respiro com dificuldade e seguro meu pescoço, que está tenso devido à posição da lavagem, ao ar frio e à água gelada. Olho para os braços magros, com veias salientes que eu nem sabia que tinha, e lamento o estado de minhas mãos e unhas. Lembro-me de ter lavado roupas no mês passado, um processo exaustivo para as costas e o corpo. E penso na água... na água com a qual lavamos e enxaguamos nossas roupas, para usar trajes limpos em um corpo sujo.

O som dos aviões aumenta. Continuo absorta em meus pensamentos quando a voz dela, gritando atrás da porta, me desperta bruscamente. Volto à realidade, espremo a água do cabelo e me levanto, sentindo os pés dormentes. De repente, ouço o som mais horrível que já escutei na vida — algo explodiu.

O universo parece ter parado, como não acontecia há um mês. Fecho os olhos e, ao abri-los com hesitação, percebo que o lugar não é mais o mesmo. A porta do banheiro foi arrancada, e há uma grande rachadura na parede. Olho através dela, mas não vejo nada... apenas fogo...

Percebo, então, que estou no chão. Ao meu lado, um pedaço de ferro em brasa faz a água evaporar ao tocá-lo. Minha mão, aquela de que lamentei durante todo o banho, está caída no chão, com sangue pingando das articulações.

Globo de neve

No passado, eu costumava colecionar globos de neve. Sentava-me diante deles e os contemplava por horas. Eu não tinha muitos *hobbies*. Adorava sacudi-los, observar os flocos de neve se espalharem por toda parte, como se alguém tivesse agarrado o mundo e o movido conforme sua própria vontade.

A neve caía, os ventos balançavam, e a brisa acariciava as folhas das árvores... Então, tudo começava a voltar a seu lugar e parava completamente de se mover. Os cristais de gelo retornavam a um estado de calma e serenidade.

Eu gostava dos globos de neve porque pareciam a vida, quando o mundo parece tremer ao nosso redor, com tudo voando em nossa direção. Mas, se esperarmos o suficiente, as coisas voltam a se acalmar... Só que essa calma, eu nunca senti de verdade.

Quando tudo começou, parecia que eu estava dentro de um globo de neve que alguém sacudiu e depois deixou cair, como se a minha vida tivesse se despedaçado e cada parte se espalhado pelo chão de concreto empoeirado.

Sinto-me tão quebrada que não posso ser consertada. Não é justo que um evento — um segundo devastador — possa virar o mundo de cabeça para baixo, arruinando todos os momentos felizes que vieram antes. Sinto-me como uma bola de vidro oca; não importa o quanto eu a sacuda, não há nada dentro dela que se agite, ninguém jamais se deterá a observá-la.

Sinto-me como uma bola de vidro estilhaçada, sem neve. Por mais que eu espere, ela não vai se recompor. Não voltará para uma prateleira nem haverá uma prateleira para colocá-la.

Senhor do tempo

Olho para o meu reflexo em uma janela esverdeada e vejo uma figura alongada, como uma espécie de alienígena. Enxergo um homem de quarenta e poucos anos, castigado pelo trabalho diário de buscar rabanetes, queijo salgado e pão seco. O homem no reflexo me encara com desagrado. Carrega um escudo e uma espada; o cinto de couro apertado na cintura, como o de um guerreiro feroz.

Viro-me e a encontro. Ela acaricia minha cabeça e canta hinos de despedida para mim. Em seu olhar lacrimoso, a dúvida do meu retorno. Ela se despede de mim na porta, e sigo com meu cavalo para o campo de batalha.

Assim como os meus anos vividos, a estrada é longa o suficiente para resgatar as memórias do calabouço do tempo.

Enquanto caminho, maravilho-me com as armas que carrego, ainda que tenha passado toda a vida insultando aqueles que me fizeram chegar a esse estado. Agora, estou sozinho e deixo para trás tanto meus próprios fardos quanto os que me foram impostos por aqueles que me desejam mal.

A praça não é como eu esperava. Parece realmente um campo de batalha. Ao longe, o fogo irrompe e há muita fumaça. Em meio a isso tudo, vejo aquilo que eu buscava, rodeado por soldados e guardas convictos. Além deles, algumas pessoas sentadas, contemplativas, e outras se contorcendo no chão. Há fogo, chuva, florestas e árvores.

Vejo um leão da montanha saltando sobre uma gazela.

Como posso sobreviver entre essas pessoas?

Entro no meio delas e não consigo mais escapar. Solto gemidos, me contorço e, em um momento, vejo todos os assassinos que a Terra já conheceu. Vejo Hitler, Mussolini e Napoleão.

Mãos surgem da multidão, tentando agarrar meus tornozelos e me arrastar para a sepultura. Vejo crianças chorando ao lado do muro. De repente, um milagre acontece: consigo sair com vida, rastejando até o soldado que está à minha frente, agitado, espumando saliva pela boca.

Ele me joga uma sacola cheia e eu lhe entrego todas as moedas que tenho. Temendo ser roubado ou morto, fujo correndo pela estrada em direção ao meu cavalo, amarrado ao poste mais próximo — um dos poucos que não desabou, que não se ajoelhou em submissão aos corvos do céu.

No chão, há cacos de vidro espalhados e um homem miserável, com mil hematomas e feridas sangrando no rosto. Do fundo de seus olhos, ele me encara do passado, um reflexo de um ex-professor de história que não tem mais emprego ou lugar para exercer sua profissão. Ele vestiu a armadura e carregou a espada, enfrentando todos os perigos para levar para casa os rabanetes, o queijo salgado e o pão seco.

Sem sinal

"O número para o qual você está ligando não pode receber chamadas neste momento."

As palavras eram fáceis de entender, apesar do rádio berrando alto como um velho rabugento, e eu suspirei, quase perdendo a paciência. Estava exausta de ouvir a mesma frase toda vez que tentava contatá-la desde a manhã. Cansada de sentir meus braços dormentes, erguidos entre as barras de ferro da janela em busca de um sinal melhor. Cansada de me humilhar diante dos donos de painéis solares, a quem implorava para carregar meu telefone até os 100%.

Não tenho mais pai nem mãe. Minha irmã morava a duas ruas de mim, mas agora estava a dois distritos de distância. Refugiei-me em um lugar ainda mais longe, e já fazia um mês que não a via. Um mês inteiro sem contato com aqueles que compartilham meu sangue. Durante dias, não soubemos nada uma da outra. Nós nos contentávamos com breves minutos de comunicação, quando o telefone captava uma rede perdida entre as asas dos aviões e seus mísseis em queda. Ela sabia que eu estava viva, mas, entre um dia e outro, a sombra da morte pairava sobre nós.

A bateria e os créditos estavam prestes a acabar, pois meus companheiros de abrigo se revezavam para usar meu telefone, o único que ainda funcionava. Tudo estava ficando mais difícil. O rádio só transmitia tragédias, o que me dava dor de cabeça. Eu rezava entre uma calamidade e outra, pedindo que a próxima não atingisse minha irmã.

Uma amiga me hospedou em sua casa depois que a minha foi destruída em mil pedaços. Minhas memórias ficaram escondidas sob cada fragmento de um lar que já não existia mais.

Minha amiga parou à porta do quarto, olhando para mim confusa, com os olhos marejados e uma expressão de perda, acompanhada por um reflexo de algo que, naquele momento, eu não consegui entender.

Eu desejei nunca ter entendido. Desejei não ter visto que aquele reflexo era da casa onde minha irmã estava abrigada, e do seu corpo ensanguentado e empoeirado sendo retirado dos escombros.

Desejei não ter ouvido seu nome na lista de mártires. Eu teria morrido ali mesmo, se não tivesse feito tudo para contatá-la e escutar, pela última vez, suas palavras. Talvez eu tivesse dito a ela que a amava como nunca amei ninguém no universo. Mas não pude fazê-lo.

Na minha mão, o telefone acendeu com a lista de contatos; ninguém estava vivo. Para quem eu ligaria agora? Não havia ninguém para eu ligar e chorar, e era isso o que mais me entristecia: a única pessoa com quem eu queria falar sobre a morte da minha irmã era a minha própria irmã. Eu não tinha mais uma irmã, nem telefone, nem créditos para contatar alguém. Ninguém com quem chorar.

O calendário

Sobre a mesa, um calendário novo comprado havia apenas quatro dias. Apesar dos bombardeios, ele permanecia firme, sem tremer. Continuei contemplando-o por longos e arrastados minutos, até que, de repente, uma ideia brilhou na minha mente e pulei da cadeira. Escrevi várias linhas no caderno à minha frente e, enfim, percebi que havia resolvido a questão que me atormentava. "Em apenas dois dias, retornaremos à nossa antiga vida". Eu repetia essa frase sempre que surgia a oportunidade. Nada me preocupava realmente. Eu não era tão patriota assim e não participava de discussões políticas nas cafeterias. Era apenas uma estudante que se dedicava arduamente, dia e noite, a encontrar uma maneira de ir embora deste lugar. Desde que essa guerra começou, senti o presságio do desastre que se aproximava, mas tentei negá-lo. Vivi outras guerras e nada me aconteceu. Mas desta vez, por algum motivo, eu sentia que era diferente.

O gatinho dourado subiu no meu colo, deu voltas em torno de si mesmo, esfregou a cabeça na palma da minha mão e o mundo ficou lindo por um momento. Apenas por um momento.

Sempre detestei as definições de tempo: meses, horas, minutos, segundos. O tempo que mata e renasce, que fere e cura. O momento que eleva a alma ao céu ou enterra o corpo na terra. Foi um desses momentos que fez meu pai correr em nossa direção, gritando, avisando que em dez minutos, morreríamos se não saíssemos de casa.

Recolhi tudo o que estava ao meu alcance: livros, canetas, xícaras e cinco mil folhas soltas contendo cinco mil perguntas. Passei muitos minutos procurando meus chinelos, mas não os encontrei em lugar nenhum.

No meio da noite escura, um brilho vermelho tremia ao meu redor, e o céu estava iluminado por chamas. Calcei meus sapatos enquanto meu pai gritava comigo e com meus irmãos. Saímos rapidamente, tropeçando na escada. Contei sete degraus, depois mais sete. Contei-os como se soubesse em meu coração que nunca mais os escalaria e que, se não os contasse, não lembraria quantos degraus havia em minha casa.

Senti como se esta cidade estivesse amaldiçoada, como se o fim tivesse chegado. Todos no bairro fugiam de casa, descalços sobre as pedras da estrada. Chorei. Eu, que nunca soube como chorar. Ao me virar, vi meus irmãos chorando também enquanto corriam com as malas. E meu pai... meu pai, cuja fraqueza eu jamais havia presenciado, agora a exibia de forma dolorosamente nítida. Fiquei ali, esperando por eles, observando atentamente minha casa e percebendo detalhes que antes me escapavam: o branco amarelado das paredes, as telhas desgastadas pelo sol ao longo dos anos, a janela do meu quarto...

Meu quarto, onde vivi por dezessete anos. Da janela, meu gato me observava. Não tive tempo nem cabeça para trazê-lo comigo. Então, eu me agachei no chão e desabei enquanto minha casa desabava. As pessoas gritavam e corriam em todas as direções, tomadas pelo medo. Eu queria dizer a elas que aquela era a minha casa, que ela não fazia mal a ninguém. Mas nenhum som saiu da minha garganta.

Há um longo intervalo de tempo do qual não consigo me lembrar, nem do que aconteceu, nem de como aconteceu. Apenas que resultou na mudança para outra casa a duas províncias de distância. A nova moradia tentava, desesperadamente, ocupar o lugar da antiga. A única coisa da qual me lembro é de que minha alma fora enterrada na rua de casa, antes de me arrastarem para fugirmos dos fragmentos do nosso inofensivo lar.

E ali estava eu, de pé diante da mochila, tirando dela o que havia conseguido trazer. Peguei as cinco mil folhas soltas e o calendário empoeirado e rasgado. Olhei para ele, esperando que me transportasse de volta ao passado, antes de tudo começar.

Ele ainda estava no dia 11 de outubro, então chorei. Chorei enquanto virava as páginas até chegar ao dia de hoje, 4 de novembro. Chorei ao ver meu primo acender uma fogueira, alimentando as chamas com meus papéis. Os mesmos que eu usava para forrar o chão nas noites em que preparava o pão que teria o sabor dos meus sonhos. Chorei ao lembrar do gato que deixei para trás, sem saber o que lhe aconteceu. Chorei porque ainda estava viva, e acordava todos os dias desejando a morte. Chorei porque os dois dias prometidos ficaram para trás há muito tempo, e eu não tinha mais uma vida à qual retornar.

Mentira permitida

Sei muito bem que fomos criados para morrer e que todos os destinos terminam no mesmo lugar: o pó. Mas meu pai sempre tentava me convencer do contrário.

"Seu pai é médico! *Inchallah*, nada de ruim vai acontecer com você!"

Eu o ouvi repetir essa frase mil vezes, sempre que eu me jogava no chão quando nossa casa tremia por causa de um míssil; ou a cada vez que um enorme incêndio irrompia próximo a casa, como aconteceu há pouco. Quando o fogo apagava, nada restava além dos fragmentos dos mísseis.

A manhã chegou sem que tivéssemos dormido. Tremíamos com a casa a cada minuto e percebemos que ficamos acordados a noite toda, testemunhando cada estrondo vindo de fora. Todos levantaram, e eu fiquei sozinha na cama, morrendo de frio ao mesmo tempo que minhas entranhas queimavam de calor. Chorei e, ao abrir os olhos, deparei com meu pai próximo a mim, me examinando.

"Está resfriada. Você precisa de um antitérmico e alguns antibióticos. Vou buscá-los e volto logo."

Minha mãe o vestiu com o casaco, enquanto ele dizia estar saindo apenas para me trazer remédios, que não demoraria a retornar. Vi um misto de tristeza e medo em seu olhar, mesmo com a farmácia estando a poucos metros de nossa casa. Então me arrependi. Desejei não ter ficado doente.

Ele saiu enquanto minha mãe repetia sua oração, e ao lado dela estavam meus irmãos encostados na parede à minha frente.

Em um segundo, as bases da casa tremeram e depois pararam. O som estrondoso vindo de fora cessou, o ruído dos aviões parou. Me vi sozinha, sentindo um grande peso no corpo.

Pensei que estava acordando de um sonho e que minhas dores haviam sumido. Foi então que avistei os corpos dos meus irmãos e o rosto da minha amada mãe. Percebi que uma grande coluna incandescente havia caído sobre meu corpo e me queimava, enquanto meus irmãos e minha mãe tinham sido despedaçados. A casa foi arrasada. Entre as ruínas, vi a farmácia. Meu pai estava ajoelhado em frente ao prédio demolido, com o casaco ensanguentado. Então, percebi que aquele médico, com seu conhecimento e seus remédios, não poderia repelir o mal que se instalara. O médico e os remédios se foram. Voltei ao pensamento inicial: não há esperança de salvação, estamos fadados à morte. Mas agora eu não tinha família nem um pai médico para mentir e me convencer do contrário.

Carta para minha mãe

Querida mãe,

Dizer que não estou bem soa simples demais.

Lamento informar que, após quarenta dias, já não temos mais farinha, água, gás ou lenha. Pela manhã, contemplamos a pilha de madeira encharcada, que se recusa a pegar fogo, por mais que tentemos. Então, encaramos as massas sem qualquer esperança de que um dia se transformem em pão.

Querida mãe, ontem usamos cinquenta garrafas vazias para coletar água salgada, e a bebemos com dificuldade antes que a chuva esperada chegasse aos nossos lábios. Precisávamos dessa água para lutar pela vida, lavar o rosto pela manhã e realizar a ablução.

Lamento informar que nossa vizinhança, que existia antes de mim, não existe mais. Nossa casa, nossos vizinhos e o muro que nos separava deles se foram. A casa desapareceu, e os donos se foram com ela. Todos os meus amigos morreram, e os que sobreviveram esperam por seus entes queridos em tendas, sem comida, bebida ou abrigo adequado, aguardando o momento de se juntarem aos mortos. Estamos penteando os cabelos da desilusão e cantando para ela.

Querida mãe, ontem destruíram minha escola sem sequer esperar que os refugiados saíssem. Vi seus corpos espalhados no campo de futebol.

Lamento dizer, após quarenta dias de silêncio, que sinto sua falta. Esta mensagem talvez nunca chegue a você, a não ser na pata de uma pomba ou nas costas de um cavalo, enquanto a internet dá seus últimos suspiros. Lamento informar que talvez eu não viva o suficiente para entrar na universidade ou realizar qualquer um dos seus e dos meus sonhos, que já não fazem mais parte dos planos.

Escrevo estas palavras enquanto os tanques estão à porta. Se esta carta chegar até você, reze para que eu tenha partido sem sofrimento, sem que meu corpo tenha queimado ou sangrado até a morte. Reze para que eu tenha encontrado o fim, pois, se eu permanecer aqui, morrerei, não apenas quarenta dias, mas mil vezes em vida.

A casa do meu avô

O silêncio é doloroso, como o silêncio dos cacos de vidro após se estilhaçarem. Dói porque marca o fim, porque comprova a morte. O barulho, por outro lado, é uma luta — e onde há luta, há esperança de sobrevivência. Eu não estou acostumada a mais nada na minha vida além disso, de barulho e mais barulho.

Na casa do meu avô, há um grande pedaço de terra e uma casa antiga, que tem quase sessenta anos. Grandes árvores a cercam, oliveiras imponentes e ramos que se espalham pelas paredes, colunas e janelas.

Na casa do meu avô, moram todas as minhas lembranças: as alegrias da juventude, as histórias da minha mãe, dos meus irmãos, dos parentes e de todos que amo. Todas as memórias reunidas em um só lugar.

Na casa do meu avô, vejo a velha escola, a mesquita construída antes de eu nascer e a vizinhança próxima que sempre convivi. Nesta casa, ainda vive o meu falecido avô e suas memórias — fotos, certificados, cópias do Alcorão, pertences e os bolsos dos casacos que ainda guardam meus bilhetes.

Na casa do meu avô, há mil gatos vadios abrigando-se sob seu guarda-chuva, mil pássaros buscando seu sustento diário na árvore e nos frutos, e mil crianças solitárias que encontraram companhia na soleira da porta.

É na casa do meu avô — a única à qual sinto que pertenço — que me pego chorando, olhando para a rua.

As ruas já não são mais ruas, e a estrada deixou de ser a mesma. O lugar e a paisagem mudaram: a longa rua pavimentada se transformou em um amontoado de pedras, pedaços de ferro retorcido e asfalto espalhados pela areia.

A estrada não é longa. Mas basta para me despedaçar, como vidro, madeira e cinzas espalhados pelo caminho. Entre a realidade e o pesadelo, deixo minhas malas de sonhos e sigo adiante. Passo pela casa, mas não sei: "Você ainda se lembra de mim? Você me conhece?", pergunto a ela.

Na casa do meu avô, não restam pedras, árvores, pássaros nem humanos. Todos os céus estão limpos e todas as tempestades se acalmaram. Na casa do meu avô, sessenta anos ardem em chamas; a oliveira queima, seus galhos desaparecendo sob a terra. As memórias se perdem além do horizonte e ninguém responde aos meus chamados, exceto o eco. Nenhuma voz me alcança, exceto a minha própria, solitária com o peso das lembranças.

Na casa do meu avô, a mesquita, a escola, o bairro e as pessoas se foram. Beijo mil paredes e portas, mas nenhuma suspira de volta.

Na casa do meu avô, o silêncio é mais alto que um milhão de ruídos. É um silêncio tão profundo que transforma meus medos e pesadelos em realidade; no meio deles, meus sonhos desaparecem.

Braço ruidoso

O céu estava silencioso, e todo o ruído parecia concentrado em seu braço. Atravessamos a porta em direção à estrada, que se estendia longa e interminável. Não havia carroças nem transeuntes. A estrada estava vazia. Meus passos ultrapassavam os dela em muito, e sua idade parecia estar uma era à frente da minha. Não conseguíamos encontrar um ritmo: ou ela tropeçava para me acompanhar, ou eu parava para acompanhá-la.

Seu braço, que já doía havia séculos, foi tomado por uma dor que aumentou com a intensificação da guerra, o número crescente de mísseis e o desabamento das paredes. Ela nunca viveu dias como aqueles em toda a sua vida. Sem ninguém corajoso o suficiente para acompanhá-la ao tratamento, a responsabilidade caiu sobre meus ombros.

Depois do que pareceu dois anos na estrada e seis meses de espera, um homem gentil parou por acaso; levava seu burro ao único hospital público da região. Chegamos todos juntos ao hospital. Três dias se passaram — um tempo em que senti rugas se formando ao redor da boca e dos olhos.

A porta do hospital estava fechada. No interior, encontrei pessoas de todos os lugares. Vi bebês, crianças, jovens, homens, mulheres e velhos. Vi suas camas, seus pertences e suas roupas. Um homem dormia de peito nu ao lado da parede, enquanto uma mulher tentava cobrir-se com um tapete de oração para amamentar seu filho. Observei um jovem dando mil tapas no rosto choroso de uma criança por vender água salgada. Vi um vendedor de pistache recolher as roupas das pessoas que haviam sucumbido, vendendo-as para sobreviver.

Vi os zanj, os francos, os tártaros, os revolucionários e o povo livre, todos que um dia pisaram na terra de Baal, perderem sua casa e sua família, fugindo apenas com a roupa do corpo. Se deram conta de que eram muitos e que, aos olhos do universo, não valiam mais do que a casca de uma noz de pistache que o vendedor jogou no chão antes de colocar o fruto seco em sua boca suja.

Era como se mais de dez anos tivessem passado enquanto eu transitava entre as pessoas e os guardas do portão do hospital em busca de um porto seguro, vagando à procura de um assento ou de um milagre que a acomodasse em uma cadeira de rodas. O peso de seus gemidos e reclamações, pelo esforço da caminhada, pesava sobre meus ombros cem mil vezes mais que seu peso.

Uma criança que arrastava galões de água em uma cadeira de rodas parou diante do meu sofrimento e se ofereceu para empurrá-la até o médico, no lugar dos galões. Quem era eu para recusar?

Subi um andar e, depois, mais dois, indo para o pronto-socorro com ela na cadeira de rodas. Quando ela adormecia, seu pescoço pendia para trás, fazendo-a acordar apavorada, tinha medo de que sua cabeça caísse e eu não estivesse por perto para pegá-la e recolocá-la no lugar.

Cheguei ao pronto-socorro, procurando pelo ortopedista. Disseram que o médico ainda não havia chegado. Outros informaram que ele estava no segundo andar, no quarto número dez. Corri até lá, tropeçando em pilhas de talas e esbarrando em crianças no elevador, que carregavam uma xícara de chá para a mãe no primeiro andar. O chá entornava sobre os pacientes nas cadeiras, sobre os mortos nas camas e sobre aqueles que tentavam silenciar o gemido de um braço.

A fila em frente à sala era interminável, mais longa que a do Dia do Juízo Final. Havia pessoas que gemiam de dor, outras que haviam perdido membros, outras que rastejavam, mancavam ou pediam uma cadeira, exaustas da espera. Então, começou a angústia de procurar outra cadeira de rodas. Olhei para minha mão e vi rugas de uma pessoa de quarenta anos, embora ainda não tivesse chegado aos dezoito.

Uma das rodas estava quebrada. Sempre que eu a empurrava, ela se inclinava para a direita, até que finalmente cheguei à porta. O soldado deu permissão para a enfermeira entrar. Avistei o rosto do médico e levei-a até ele, superando todas as dificuldades do caminho.

Na minha vida, nunca presenciei um diagnóstico sem equipamentos, sem exames, sem que o médico se levantasse da mesa e olhasse a paciente nos olhos. Ele perguntou o nome dela, e, ao ouvir a resposta, imediatamente identificou o problema: inflamação do nervo mediano pressionando o braço. O tratamento era impossível, exceto por cirurgia, e não tinha sala de cirurgia disponível na guerra, nem para alguém da idade dela. O médico explicou que não havia solução, mas prescreveu alguns medicamentos em uma escrita inclinada e torta, como a linha que a cadeira de rodas traçava no chão. Era o início do sofrimento de enfrentar a fila da farmácia e obter os medicamentos.

Saí com ela para a multidão no longo corredor em frente ao consultório. Olhares de desdém nos acompanhavam, como se fôssemos meros ponteiros de um relógio. Avancei com dificuldade, carregando o peso de cinquenta anos de espera.

Parti para a estrada. Não sei quantos dias se passaram, mas a noite já havia caído. Após todo o esforço para silenciar sua dor, o ruído do braço foi abafado pelo som dos aviões, que voltaram a sobrevoar. Meus nervos e os dela pararam de funcionar, inclusive o nervo mediano que causava a dor. Estancamos, e nossos passos se encontraram no meio do caminho. Morremos juntas. Ela não sentia mais dor e eu não sentia mais tristeza por ela.

Última Ceia

Na casa do meu avô, enxaguei o último prato do último jantar, na última noite, antes de tudo começar a desmoronar. Antes que o céu se tingisse de um vermelho intenso, anunciando o fim. Antes que as cinzas fossem lançadas ao espaço e voltassem em minha direção. Antes que a casa tremesse violentamente e as paredes e janelas chorassem, tentando conter o pânico. Antes que eu saísse para a sala e visse minha família correr em todas as direções.

Alguns se ajoelharam, outros caíram perto das paredes com os ouvidos doendo pela violência do som, e alguns pareciam dormir — apenas para depois acordar na amarga realidade. A foto do meu avô, que sempre vi pendurada como um símbolo de vida, não estava mais lá. Ela caiu com o peso dos acontecimentos. A moldura estava quebrada, o vidro espalhado por toda parte.

Eu estava na casa do meu avô quando nos reunimos na sala de visitas, espalhados como cacos de vidro pelo chão, sob a fresta da porta, atrás da parede da sacada, debaixo da antiga mesa de madeira. O céu trovejava com relâmpagos, mas sem chuva nem água desabando. O que caía era fogo — disparado com violência, destruindo com fúria. Senti uma dor profunda ao ver toneladas de lembranças desmoronarem sob toneladas de explosivos, e ao ver meus irmãos e parentes de joelhos, com os olhos arregalados, em lágrimas, e o espectro do rosto do meu avô pairando em meio a tudo isso.

Eu estava na casa do meu avô quando os gritos dos vizinhos ecoaram debaixo dos escombros. Fugimos da casa carregando cobertores, comida e o que restava de nossa vida, depois de escapar da morte pela milésima vez... talvez. Corremos em direção ao fogo, com maldições caindo sobre nós, enquanto o mundo ao nosso redor ardia em chamas. Do outro lado da calçada, tudo desmoronava. Fugimos, alguns tropeçando, outros tombando. Não olhamos para trás. Seguimos sem saber se estávamos fugindo da morte, de nós mesmos ou das lembranças. Fugimos porque a sobrevivência nos empurrava; no fundo, tudo o que eu desejava era morrer.

Eu costumava dizer que era forte o suficiente para suportar a responsabilidade, que era mais velha do que minha idade, que não tinha medo da morte e que enfrentava qualquer situação ou dificuldade. Pela primeira vez, me senti completamente desamparada. Não conseguia fazer nada além de chorar. Via a confusão e o sentimento de perda no rosto dos meus irmãos. Via o medo, o pânico. E via a mim mesma desmoronar, depois de toda a firmeza que sempre tentei manter. Não havia palavras que eu pudesse usar para aliviar essa angústia. Não havia espaço para sentir nada além de medo e saudade.

Eu sentia falta da minha mãe. Minha querida mãe... ouvir a sua voz sempre fazia o mundo parecer mais calmo. Muito tempo se passou, e o caos do mundo persiste. Muito tempo se passou, e o mundo não se acalma, não mostra misericórdia e não nos deixa viver em paz.

Eu estava na casa do meu avô antes de ir para o abrigo, em uma escola próxima, entre mil corpos, mil histórias e sofrimentos, mil colchões em uma tenda improvisada. Sentada no chão ao lado dos sapatos (ou sobre eles, não sei), guardava os cinco pequenos, empilhados em dois colchões, cobertos por um cobertor leve e esfarrapado. Eles adormeceram rápido, depois de viverem um pesadelo que eu gostaria que nunca tivessem visto. Gostaria que, ao acordar, não se lembrassem de nada. Desejava, mesmo, que isso nunca tivesse acontecido, que nunca tivessem vivido o que viveram.

O prédio da escola tremia a cada segundo. Granadas, bombas, mísseis, tudo sacudia: as colunas, as paredes, o chão, e eu. Olhei para o céu, onde dezessete mil lamparinas marcavam as coordenadas dos meus restos mortais. Lembrei da casa do meu avô, das luzes que nunca se apagavam. E então percebi: para o meu coração, eu não havia partido. Ainda estava lá, sob os escombros, entre vidros quebrados e portas arrancadas das paredes. Estava lá, entre as lembranças, presa pela teimosa recusa em ir embora. Mas eu fui. Estava lá e agora estou aqui; desapareço entre dois lugares, entre o que foi e o que resta.

Soou meia-noite e todos os que ainda estavam acordados caíram no sono. Os gatos se aninharam nos cantos e os pássaros repousaram nas colunas de ferro. O sono se acostumou ao som da morte, ao estrondo dos canhões. Só eu permaneci desperta, piscando lentamente, sem forças para respirar, sem controle sobre meu próprio corpo.

A tenda estava cheia de mulheres e crianças. Lá fora, junto à porta, corpos enfileirados tentavam dormir: três homens e três mulheres jovens, expostos ao frio cortante, e um velho, desgastado pelos anos, voltando a se sentar nos bancos escolares da vida. O frio, minha morte e minha destruição estavam presentes, e eu permanecia no meu lugar, ao lado dos sapatos, a observar minhas chamas consumindo a si mesmas.

Horas se passaram desde a meia-noite. Eu ouvia os gemidos da minha avó esmagada pela dor no braço e o coração da minha tia pulsando descontrolado de medo pelos filhos que estavam lá fora. Suas filhas, ao lado dela, pareciam se despedaçar em mil fragmentos a cada batida daquele coração desesperado. O som dos soluços da minha outra tia ecoava através do silêncio; chorava pelos anos, pelas lembranças e pela alma que foram enterrados na casa do meu avô depois da destruição. Ela tentava, com dificuldade, sufocar os soluços amargos com a palma da mão, mas a dor era forte demais, teimosa demais para ser contida. Eles escapavam, se espalhavam como lâminas afiadas que me atravessavam repetidamente.

Naquela noite, eu percebi que a vida havia perdido o sentido. Depois de perder minha casa e vagar desabrigada por meses na casa de parentes, de ter finalmente desembarcado na do meu avô e ter sentido, pela primeira vez em muito tempo, que eu pertencia a algum lugar — dias em que, por um instante esqueci a guerra e suas sombras. Foi assim que entendi que talvez não merecesse a felicidade, talvez não merecesse a vida. Percebi que minha terra natal era meu verdadeiro lar e, quando a perdi, todos os outros lares que conheci também se foram. A última coisa que preservava em mim essa sensação era a casa do meu avô. Agora ela também se foi. Naquela noite, eu soube que, assim como minha terra natal, eu também estava perdida.

Naquela noite, eu estava na casa do meu avô. Sabia que era um fragmento do passado, mas era tudo o que eu tinha. Não havia mais futuro, nem presente.

IMAN NATUR

Romancista, nasceu em Gaza em 1983. Membro da União Geral de Escritores, recebeu vários prêmios literários e foi homenageada por sua liderança humanitária, com base no romance *Hiya wa Korona*, publicado em 2020. Entre suas obras, destacam-se *Yasmin, thaman dumui* e *Waktarab mausam alhassad*. Alguns de seus livros estão em processo de adaptação para o cinema.

Memórias de uma sobrevivente da guerra em Gaza

Aquela manhã não prometia nada de diferente. Eu estava na varanda, esperando ouvir o chamado diário: *Allahumma salli aala Nabi* [Ó Deus, abençoe o Profeta]. Fui tomada por uma tristeza oculta, da qual buscava desviar com minha forte fé na compensação divina vindoura. Meus pensamentos ficaram fixos na ideia: a compensação divina que está por vir. Então Mamduh surgiu na minha mente.

Recordei a jornada desde que o conheci há dois anos, ou mais. Novamente me veio a ideia da compensação divina, e uma lágrima solitária escapou do meu olho, por mais que eu tentasse contê-la. Enquanto a lágrima escorria, sons ensurdecedores me fizeram tremer antes de perceber que eram foguetes sendo disparados de Gaza, como às vezes acontece nesta parte do mundo. Mas... algo parecia diferente desta vez. Os sons não cessaram por cerca de uma hora e meia. Eu não me movi da varanda, mesmo sabendo que não ouviria o chamado naquela manhã. Permaneci sentada, afundando mais uma vez na tristeza.

O amor é um dos presentes mais belos e raros do destino. Ele nasce de forma delicada e frágil. É um ser vulnerável que pode morrer a qualquer momento, a menos que o coloquemos em condições que favoreçam sua sobrevivência. No entanto o amor entre mim e Mamduh nasceu quase morto, em circunstâncias extremamente adversas para algo tão frágil. Não apenas surgiu numa terra ocupada e sitiada, marcada por guerras, mas cresceu num solo árido, sem promessas de chuva, onde o futuro parecia tão seco quanto o presente, exceto pelas esperanças desconhecidas e as juras vazias.

A dor pela perda do meu pai era profunda. Às vezes, eu ouvia sua voz me chamando e me virava; então me dava conta de que era uma ilusão. Outras vezes, sua tosse no quarto ao lado soava tão real, mas logo eu compreendia que ele não estava lá. Sempre acreditei que meu pai jamais morreria e que Deus anteciparia a Ressurreição, caso ele deixasse este mundo. Sim... meu pai tinha uma presença tão forte, tão profundamente conectada à minha, que parecia fazer parte das leis eternas do universo. Na noite em que ele morreu, choveu inesperadamente, os ventos ficaram fortes, o mar agitado; disseram que se tratava de uma baixa pressão atmosférica sem precedentes vinda do sul. Aquele início de noite foi estranho em todos os sentidos.

Na primeira noite após o enterro do meu pai, entrei em casa e vi seu espectro. Aproximei-me, mas ele não se moveu. Cheguei mais perto, esperando que se levantasse, e aquele olhar carinhoso que sempre me lançava parecia ansiar por mim ainda mais. Estendi a mão lentamente. Ele continuou imóvel por um momento, depois voou para o sul. Murmurei: "Pai". Era ele, veio se despedir de mim. De onde vinha essa certeza?

Depois de alguns dias tristes e estranhos, tive a confirmação. A manhã seguinte chegou de forma surpreendentemente tranquila, quase enganosa, com uma quietude que me atraía e me fazia recordar; que me jogava nas ondas do mar, que ecoavam em frente à minha varanda, me levando e trazendo de volta, uma e outra vez.

Eu tinha certeza de que o Dia do Juízo Final estava próximo após a partida de meu pai. Então achei que tivesse sido adiado, pois dias se passaram e nada aconteceu. Não sabia como seria o evento, não tinha uma visão clara do que poderia acontecer com este mundo no dia da Ressurreição. Então, os sons incessantes dos mísseis a meu redor me trouxeram à realidade. Soube, naquele momento, que o universo havia acabado desde que meu pai partiu.

Estrondos vinham de todas as direções, mas eu os ignorei enquanto ia para a cozinha preparar uma xícara de café. De repente, um som diferente dos anteriores sacudiu o ambiente. Pensei: "O jogo da sorte é estranho; você joga os dados e eles caem como bem querem". Desde a infância, sempre me perguntei se existia uma lei universal do destino que se aplica a todos ou se havia uma específica para cada um de nós. Cada vez que chego a uma resposta, novas dúvidas me desafiam.

Os sons das explosões continuaram até ficar evidente que uma nova guerra havia começado. Eu escrevo a memória dessa guerra enquanto outra guerra, dentro de mim, queima tudo. Uma grande devastação interna, não menor do que as áreas destruídas ao norte de Gaza pelos mísseis e bombas da ocupação.

A palavra... a postura... o olhar são armas tão mortais quanto os mísseis que destruíram lares e espalharam neles a inocência, a esperança e a vida. Essa guerra interna é tão devastadora quanto essa outra ao redor. Meu pai... sua partida acendeu incêndios nas bordas da minha alma, devorando partes de mim que nunca haviam sido tocadas.

Vamos voltar ao início por um momento. Perguntei-me se seria capaz de escrever sobre esse começo exatamente como foi, com minha mão trêmula segurando a caneta, os olhos turvos pelas lágrimas que eu limpava com a outra mão. Deixei a caneta de lado assim que as lembranças do meu pai voltaram e comecei a chorar. Quando era jovem, ele me ensinou a jogar xadrez até que eu dominasse o jogo. Sempre quis derrotá-lo, ao menos uma vez. Ele dizia que xadrez era um jogo da mente, não do coração, mas eu não lhe dava ouvidos. Também costumava dizer: "Você só vencerá quando sua mente superar as emoções, os caprichos, os desejos e os humores". Eu não consegui vencê-lo enquanto não compreendi isso.

Naquele dia, quando finalmente o derrotei após anos de tentativas, entendi que o verdadeiro sucesso exige o controle da mente sobre o coração. Então percebi as razões da miséria de tantos. Mas essa percepção, por si só, não foi suficiente para alcançar toda a verdade. Hoje, entendo que há uma linha que direciona o curso das coisas fora do nosso controle. Peguei novamente a caneta e continuei a escrever.

O final daquele dia não foi como o início. O dia começou com foguetes sendo disparados de Gaza e terminou com ataques ferozes das aeronaves da ocupação, lançando mísseis na linha de separação da Faixa. Meu irmão Muhammad me ligou, dizendo que eu deveria sair de casa, pois a área onde eu estava era perigosa. Respondi que não sairia. Ele insistiu, mencionando a preocupação da nossa mãe e dos nossos irmãos. Desliguei, dizendo que pensaria no assunto, embora soubesse que não o faria. Eu não deixaria minha casa. Esta era minha decisão final. Deixei minha casa em todas as guerras anteriores e nada aconteceu além de medo inútil.

De repente, uma explosão terrível sacudiu o local, iluminando o pátio. Dei um pulo e cobri a cabeça com as mãos. Sorri confiante e disse a mim mesma: "Não se preocupe... é uma chuva de verão, como as anteriores, e não vai durar muito".

Com essas últimas palavras, a casa tremeu novamente, o que restava de vidro se estilhaçou, e os gritos ficaram mais altos. Olhei para a esposa do meu irmão Abdulrahman, que corria com os gêmeos recém-nascidos. Ela entrou no quarto, em pânico, me olhou por um tempo e, com a voz trêmula, perguntou: "Você não está com medo?". Distraída, respondi: "São dias difíceis, mas isso vai passar".

Então, pensei comigo mesma: "Por que estou mentindo para ela? Será que de fato acredito que esta guerra é a Ressurreição tão esperada?".

Os sons das explosões ecoaram durante toda a noite e Gaza permaneceu iluminada como se fosse dia. Eu só consegui dormir por alguns minutos, um sono inquieto que me deixou ainda mais exausta. Quando acordei, a dor de cabeça pulsante parecia martelar meu crânio.

Decidi sair. Andei pelas ruas, observando o movimento das pessoas e suas conversas, tentando absorver e analisar o curso dos acontecimentos. Aproximando-me das torres de inteligência, percebi que o fluxo de pessoas dimunuía gradualmente. Atravessei a rua Assafinah, uma via perigosa. Minha casa ficava no fim dela. Sabendo dos riscos, resolvi entrar em uma loja e pedir um taxi. Em menos de cinco minutos, estava em casa, com a porta fechada atrás de mim.

Depois de cozinhar, servi a comida em um prato bonito, ignorando os sons aterrorizantes da guerra a meu redor. Olhei para o prato e sorri, lembrando de Mamduh. Estaríamos jantando juntos, não fosse essa guerra que separa as pessoas. O perigo iminente nas ruas me fez perceber que meu retorno para casa não foi algo trivial, como contar as folhas de uva recheadas a pedido da minha mãe. A questão era muito maior.

Foi o amor por esta casa que me fez atravessar as ruas perigosas, como se temesse morrer antes de poder me despedir dela. Caminhei até a sacada. Observei a mesa e as cadeiras simples, e ouvi o canto do meu pássaro colorido, suas melodias se elevando da gaiola que eu mesma decorei e pendurei ali. Os vasos suspensos com margaridas, o balanço branco no meio do espaço... Tudo era tão familiar.

Um estrondo violento fez meu corpo estremecer e fechei os olhos por um instante. Quando os abri, era como se as ondas do mar batessem em meu rosto. Voltei ao balanço, depois caminhei para o quarto ao lado da sacada. O ambiente, cheio de antiguidades, parecia vibrar de vida. Entrei no escritório, observei a cadeira, os papéis espalhados na escrivaninha, a estante repleta de livros. Senti um tipo de saudade futura dos meus romances já escritos e daqueles que ainda seriam publicados, das homenagens, dos prêmios. Fiquei parada, olhando meu nome impresso nos documentos, com uma sensação estranha de que tudo estava prestes a terminar.

Será que tudo acabaria assim?

Fui para a sala de estar, depois para o quarto... observei meu armário, cada peça de roupa cuidadosamente escolhida ao longo dos anos, o espelho, cada objeto meticulosamente disposto. Para onde eu levaria tudo isso? Como deixaria tudo para trás? A pergunta mais aterrorizante era: como posso partir sem nada?

Balancei a cabeça. "Não, isso não pode ser o fim. Ainda há esperança."

Mal terminei a frase, uma explosão ainda mais forte sacudiu a casa. Corri para a porta e, quando abri, encontrei o vizinho do apartamento da frente trancando a dele, em pânico. "O que você ainda está fazendo aqui, doutora? Precisamos ir agora!"

Lembrei que ele havia mandado a esposa para a casa dos pais. "Todos os vizinhos já foram embora. É estranho que você ainda esteja aqui", ele disse.

Descemos os cinco andares até a saída do prédio. Ao chegarmos à porta principal, fomos surpreendidos por tiros intensos. Aviões passavam tão perto que as copas das árvores balançavam ao ritmo das hélices. Gritando, corremos de volta para a escada. Uma nova explosão, ainda mais violenta, fez tudo tremer. Gritei e caí na escadaria, enquanto meu vizinho, Samir, perguntava em desespero: "Eles estão bombardeando o prédio?".

Tentei várias vezes ligar para um táxi, desesperada para sair dali, mas não havia nenhum disponível. Quando finalmente consegui falar com um taxista, tudo o que ele disse foi: "Deus te abençoe, não tem como chegar aí".

Desliguei e olhei para Samir, sentado na escada, murmurando versículos do Alcorão. Subi de volta para o apartamento, ignorando seus gritos para que eu ficasse perto da saída. "É o fim. Não faz sentido", repeti para mim mesma.

Fechei a porta do apartamento, com um sorriso desesperado. Senti uma estranha tranquilidade. A sensação de segurança que sempre tive naquele lar ainda me envolvia, apesar de tudo. Fui até a sala, onde uma de minhas antiguidades, um modelo da cabeça de Cleópatra, havia caído ao chão. Enquanto recolhia os pedaços, liguei a caixa de som. A música épica de Beethoven começou a tocar, preenchendo o ambiente. Aumentei o volume e fui preparar uma xícara de café.

Sentada, absorvendo o aroma do café e os ritmos da música, deixei minha mente vagar. Eu me sentia loucamente viva, como se aquele fosse o fim perfeito, ali, cercada pelas coisas que amava. Recordei Mamduh me chamando de "louca" enquanto dançávamos juntos, despreocupados.

Outra explosão balançou a casa, mas eu só sentia a música. Fui até a sacada, libertei meu pássaro e voltei para meu lugar. Samir irrompeu pela porta, em pânico. "Rápido, vamos embora!"

Sem entender, me vi correndo escada abaixo. Entramos em um carro que nos tirou dali. Quando olhei para trás, vi o prédio desmoronar. Meu coração quase parou. “Não! Minha casa!”, gritei.

Samir me puxou de volta para o carro enquanto eu tentava, em vão, abrir a porta. Quando finalmente desabei no assento, tudo a meu redor parecia desmoronar. Tudo o que eu amava havia desaparecido num instante.

Cheguei à casa dos meus pais e fui cercada por meus irmãos. Minha mãe me abraçou, mas eu, ainda em choque, não consegui retribuir o abraço. Antes que pudesse entender o que estava acontecendo, uma nova explosão sacudiu o chão e todos começaram a correr em direção à escola mais próxima. As ruas estavam vazias, e eu me perguntava: “Isso é real?”.

Há dias por vir ou o mundo acabou aqui? Esta é de fato a Ressurreição esperada? O que seria então se não é o que está acontecendo agora?

ALI ABU YASSIN

Ator e diretor palestino. Iniciou sua carreira em 1990 como ator, antes de dirigir sua primeira peça, *Almuharij*, em 1994. Em 2010, dirigiu o monólogo *Gaza* para a Palestine TV. Sua performance solo mais recente, *Almusawer*, foi exibida mais de quarenta vezes e transmitida pela televisão.

Em um piscar de olhos: um diálogo imaginário

Boa noite.

Estou aqui.

Boa noite.

Estou on-line.

Tenho conexão de internet.

Qual o problema? Por que não está respondendo?

Responda. Chega de brincadeira.

Pelo amor de Deus, responda.

Sarah, o que está acontecendo? Você está me deixando preocupado.

Responda, já chega.

Ok, responda, mesmo que seja só uma palavra.

Juro por Deus que, se você não responder agora, pegarei um carro e irei até você.

Não aguento mais isso. Responda, eu imploro, responda.

Ok, estou indo até você.

— Como assim, mal abri a porta e você apareceu na minha frente?

— O quê? Você estava indo me ver?

— Como veio de Gaza a Deir al-Balah num piscar de olhos? Depois das quatro horas, ninguém pode andar à beira-mar. A estrada é muito perigosa. Como convenceu sua família a deixar você sair de casa e vir até mim? O que você disse a eles? Que estava indo para a casa de uma amiga?

— Eu não vim até você, você veio até mim.

— Como, se mal abri a porta e dei de cara com você?

— É que fui martirizada.

— O que está dizendo? Como assim, foi martirizada, se está na minha frente e eu estou falando com você?

— Você está falando comigo porque também foi martirizado. Você ri com descrença... Juro pela sua vida e pela nossa amizade que fui martirizada.

— Mas como não ouvi a notícia de que você foi martirizada? Eu não li seu nome na lista de mártires.

— É que ninguém sabe ainda que fui martirizada.

— Como assim?

— O míssil que me atingiu me partiu em mil pedaços e ninguém encontrou meu corpo.

— Ah, não. Não! Então você não foi enterrada?

— Eles me enterraram com as pessoas que estavam andando na rua e foram despedaçadas como eu. Recolheram os pedaços e começaram a juntar metade de uma mão com um quarto de uma perna. O mais importante é a cabeça, porque é a única coisa que prova que aquele corpo é de uma pessoa. Eles formam um corpo e o colocam num saco, e nele escrevem "não identificado". Se ninguém o reconhece, coletam cinquenta ou sessenta corpos e os enterram juntos. Foi assim que me enterraram.

— E eu?

— O que tem você?

— Qual é a minha situação?

— A mesma. Um míssil o atingiu, despedaçou-o em mil fragmentos e o jogou no outro quarteirão.

— E como você soube?

— Eu estava ali, observando você.

— E por que não me avisou?

— Não posso, sou apenas uma alma. Até me joguei em cima de você para afastá-lo do míssel, mas não consegui. Gritei, mas você não me ouviu. Segurei sua cabeça entre as mãos e gritei a plenos pulmões.

— E o que mais você disse?

— Eu gritei e acabou.

— Por que não cobriram você com uma mortalha?

— Você se esqueceu de que nem sempre se cobre um mártir com uma mortalha?

— Ah, minha querida, eu pensei que, quando eu morresse, fariam um grande alarde sobre mim, com direito a poesia. Nunca imaginei uma morte assim, nem que morreria agora. Apenas abri a porta e saí para a rua. Queria ir até você.

— Por quê?

— Eu estava com medo de morrer e queria falar com você antes disso.

— O que você queria dizer? Fale. Estou aqui na sua frente.

— Não dá mais.

— Dá, sim. Tente.

— A história que eu queria contar tinha que ser contada enquanto eu olhava em seus olhos ou fugia deles. Uma história que escondi por muito tempo e adiei demais. A guerra bombardeou as palavras mais doces, assim como bombardeou as casas.

— Esperei muito tempo você falar. Todas as noites, eu sonhava com suas palavras.

— Então você sabia? Você sentia?

— Seus olhos foram sua perdição.

— *Ya Allah*... ó Deus, ó Deus, como sou estúpido. Eu queria dizer o quanto eu te amo e como sou louco por você; que você é minha vida inteirinha e que, sem você, ela é impossível.

— Meu amor... nunca falei "meu amor" para ninguém além de você. Esperei a vida toda para que declarasse seu amor. Maldito seja o pai da guerra que me privou do momento mais lindo da minha vida. Sim, eu te amo com todo o amor do universo. Meu amor por você é mais intenso que o som dos mísseis e mais forte que o ódio e a maldade que residem no coração do inimigo.

— Vamos pegar a estrada antes que nos bombardeiem de novo. Vamos nos afastar de toda essa morte e destruição e dos corações que se desfizeram em tristeza e dor. Que Deus os faça entender que somos mais preciosos que o mundo, e que o mundo inteiro não vale a alma de uma amante que esperou pelo amor que nunca chegou. É possível que o mundo inteiro valha a alma de uma criança que morreu sem pecado? *Ya Allah*, ó Deus. Sarah, vamos sair daqui. Talvez encontremos um lugar onde haja mais amor.

De Gaza a Shakespeare

Ajude-me, meu amigo. Como pode estar presente após mais de 500 anos? Você salta diante dos meus olhos em cada imagem, em cada grito que ouço, urrando com as crianças e compartilhando as lágrimas das mães. Vestido de preto como o pai de Hamlet, você emerge dos escombros, carregando o brinquedo de uma menina. Você surge no alto dos sinos da igreja e os toca, alertando contra sua destruição; e aponta para o topo do minarete, a única coisa que restou de uma mesquita. Você tenta ajudar as pessoas feridas no pátio de um hospital. Você está por toda parte, como se um grupo de fantasmas tivesse se espalhado para forçar o mundo a interromper os massacres e a limpeza étnica em curso em Gaza. Isso não é uma guerra, é outra coisa. Assim como as três bruxas profetizaram que a floresta de Birnam se deslocaria para o palácio do rei Macbeth, parece que você previu que a Cidade de Gaza se moveria em direção ao mar após toda essa destruição e morte. Não sobrou uma casa ou prédio que não tenha desabado sobre seus moradores. Mas, quando a floresta se moveu, a vitória ficou do lado dos soldados. Os prédios destruídos, carregados de cimento e ferro, e os milhares de corpos de crianças, mulheres, idosos e pais ainda sob os escombros... todas essas almas puras... tudo inevitavelmente será arrastado para o mar após o fim da guerra, como sempre. A diferença desta vez é que os edifícios estão misturados com carne e sangue e serão batizados pelo mar, como se o preço da nossa liberdade, pela qual lutamos por mais de 75 anos, fosse esse batismo em nome dela. Não sei por que minha memória me leva de volta à declaração do primeiro-ministro da ocupação, Rabin: "Como eu gostaria de acordar e encontrar Gaza engolida pelo mar". Será que tudo o que está acontecendo agora foi planejado? Você sabia, Shakespeare, que a liberdade movimenta cidades e florestas? Sim, se esse for o preço da nossa liberdade e dignidade, nós o pagaremos com todo apreço, respeito e desejo de ir em direção ao mar. Será que voar também faz parte desse movimento? O corpo do meu amigo Majid foi arremessado a 100 metros de altura e acabou despedaçado na varanda de um apartamento, depois que um míssil o atingiu e a 120 membros de sua família. A guerra não é um sonho de uma noite de verão, mas um pesadelo aterrorizador e dilacerante. Os principais atores do show são os palhaços em aviões, tanques e navios de guerra, lançando seu fogo mortal em crianças. Como você pôde, William Shakespeare, escrever *Romeu e Julieta* e alertar sobre o horror do conflito e da guerra entre primos, dizendo que todos pagariam o preço? A realidade mudou, meu amigo. Tornou-se muito mais difícil. O som dos mísseis faz o coração saltar de terror. O cheiro de pólvora e a fumaça cancerígena penetram com força nos pulmões. As bombas de fósforo branco, proibidas internacionalmente, queimam tudo o que é *verde e seco*. Vivemos o horror de ver nossos entes queridos se tornarem objetos. O coração se despedaça todos os dias mil vezes, como um bloco de borracha. Levante-se, Shakespeare. Ajude-me, meu amigo, estou realmente cansado. Resista com sua caneta sábia, cheia de amor, alegria, revolução, humanidade, esperança e liberdade. Talvez nos tornemos todos irmãos sob esse céu azul.

MARYAM QAWWACH

Poeta e escritora palestina, suas obras publicadas incluem *Sabaa ijaf isdar* e *Rasael ila al burtuqali*. Recebeu vários prêmios, entre eles o Prêmio da Fundação Internacional da Palestina, na categoria Poesia; o Prêmio de Incentivo do Estado da Palestina para Jovens Criadores; e o Prêmio Literário Antoun Saadeh, em 2023.

A longa e dolorosa jornada do exílio

Desde ontem à tarde, tenho percorrido minha casa, cômodo por cômodo, canto por canto, sem saber o que levarei comigo e o que deixarei para trás. Tudo o que nutre meu ser está aqui. Aqui reside a essência do mundo, a essência da criação. Aqui estão o começo e o fim.

Pergunto-me, enquanto folheio minhas memórias de pertencimento: devo levar a biblioteca do meu avô? Ou devo me contentar com a coleção de poemas de Mahmud Darwich, que ainda não terminei de ler? Levo a coletânea de Ibn al-Farid, que eu pretendia começar amanhã? Ou os livros que trouxe do Líbano e da Jordânia para minha tese de doutorado? Ó meu Deus! As coisas se amontoam à minha frente, como se resumissem toda a minha vida. Então, o mundo encolhe diante de mim — quanto mais o observo, mais ele se apequena.

Este é o meu quarto, do qual talvez eu nunca mais volte a cruzar a porta! À minha frente, está o piano de cauda; ao lado, a coleção de partituras que escrevi antes da guerra. Pequenos souvenirs adornam a superfície do piano; acima dele, uma prateleira exibe meus certificados e premiações.

O que coloco na mala e o que deixo? Devo levar também a janela do meu quarto, com vista para o laranjal? Posso carregar minha casa comigo para o exílio? Levo a chave do carro? Ou devo simplesmente colocar a longa estrada sobre os ombros e partir sem memória? Não sei o que fazer. Deixar tudo, fechar a porta e levar apenas a chave de casa? Meu pai diz, enquanto termina de arrumar as malas: "Deixe tudo onde está. Só dois dias e voltaremos!".

"*Abi*! Que tal ficarmos aqui, como a oliveira da casa?"

Uma lágrima pesada surge em seus olhos ao contemplar a oliveira, e ele responde: "Só dois dias, e voltaremos!".

"E se não voltarmos? Meu avô morreu. Ele morreu com a chave no bolso e nunca mais voltou! Me diga, *abi*, e se não voltarmos?"

Você sente falta das espigas de trigo?

O moinho de mão do meu avô paterno. Ele o comprou no mercado de Ramla antes da Nakba. Migrou para Gaza com ele. Sempre que alguém lhe perguntava como andava a vida, ele dizia: "Compramos este moinho em Ramla semanas antes de migrar; está aqui como uma lembrança da vida no campo".

Por quarenta anos, o moinho permaneceu em uma estante na biblioteca do meu avô, com uma grande chave de madeira, símbolo do retorno, pendurada no topo da parede. Perto dela, a gravura de um mapa da Palestina. Havia também uma coleção de molduras antigas, adornadas com madrepérola e marfim, presente de um amigo de Haifa.

Eu costumava pensar que essa estante era apenas um lugar de contemplação. Um lugar onde lemos nosso passado e nada mais. Nunca imaginei, nem por um momento, que fosse um espelho do tempo. Nunca imaginei que moeríamos nosso trigo ali e contaríamos nossas intermináveis histórias.

O moinho gira diante de mim, e quase me pego perguntando: você sente falta das espigas de trigo no campo? Sente falta da mão do seu criador? Sente falta da montanha de onde veio? De qual montanha você veio? De que cidade veio seu criador?

Moemos o trigo no moinho. E aqui está você, como os dias, girando comigo feito um disco. Conte-me sobre cada cidade por onde passou na longa e dolorosa jornada para o exílio. Fale-me do país e das espigas de trigo. Conte-me sobre você; talvez eu possa lhe contar novidades do país... ah, a dor do país!

O casaco de Nisrin

Nisrin veste seu casaco de inverno, manchado de sangue. Estamos nas tendas dos deslocados, e ela fala comigo, chorando: "Eu queria que ele esperasse por mim como o mar espera pelo segredo da lua, que me ouvisse como a praia ouve a canção da ostra. Queria que ele me dissesse: 'Eu te amo!', como o moinho acaricia as espigas de trigo. Queria que ele me escondesse neste casaco de inverno como um músico protege a palheta do alaúde, para que ela não se quebre. Queria que ele me dissesse: 'Eu te amo'. Queria que ele me amasse como o amor ama".

Ela chora, apertando os sapatos encharcados de sangue, enquanto um silêncio pesado paira ao redor. Quão densa é esta noite que passamos ao lado da figueira, na tenda dos deslocados... As estrelas se apagaram, o maldito urubu devora o silêncio da noite e o locutor da Al Jazeera tagarela na rádio local. Nosso canto da tenda está na escuridão, as conversas dos vizinhos se misturam no ar e minha mãe faz biscoitos para vender na viela do acampamento.

E meu coração nada entende e nada ouve, exceto a densa pergunta que ecoa: "Por quê? Por que ele nunca disse que me amava antes que o ataque o devorasse?".

KAMAL SOBH

Nasceu em Rafah em 1966. Publicou quatro romances: *Asir athalj* (2019), *Artemis* (2020), *Bidaiah muajjalah* (2022) e *Ivanof fi Israel* (2023). Está trabalhando em um novo manuscrito, *Juruh ala had al kristal*, que documenta o genocídio em Gaza.

Cicatrizes na face de cristal

Como uma xícara de café que se derrama ao esbarrarmos nela pela manhã, antes mesmo de enxugarmos o suor frio do sono do rosto, o céu muda de repente, revestindo-se de linhas brancas. Algumas desaparecem, outras encobrem a claridade. Não se sabe se foram desenhadas por mísseis ou se marcam caminhos pavimentados com fumaça pelos aviões, mas o estrondo indica o horror do evento.

O sol ainda não se levantou completamente e eu ainda não terminei de vestir as roupas que havia preparado meticulosamente para o início da semana de trabalho. Percebi que algo grande estava à espreita por trás da minha desatenção, então vasculhei rapidamente meu celular, na esperança de encontrar respostas para as milhares de perguntas que pairavam no ar, entre nosso espanto e as janelas abertas.

Horas exaustivas passaram como as rodas de um velho trem, esmagando os trilhos corroídos com um barulho intenso, enquanto faíscas da fricção estouravam em nosso peito cheio de expectativa e ansiedade.

Corri para o supermercado, que estava lotado de pessoas comprando de tudo, mesmo o que não precisavam; uma delas parecia particularmente interessada em adquirir a maior quantidade de Nescafé e caixas de chocolate possível. Permaneci no meio do movimento, com os olhos voltados para as prateleiras de produtos enlatados. Algumas latas de atum e carne para o almoço seriam suficientes.

Não esqueci a febre que tomara conta de mim na noite anterior, e que me deixara acordado até tarde. Uns 250 gramas de café e três maços de cigarros talvez fossem o bastante, pensei.

Não sei que dia é hoje no calendário da guerra, apenas que já se passaram ao menos dez. Os dias, neste contexto, não são regidos pelas horas ou pelo movimento do sol e das sombras que ele produz, mas pela quantidade de lenha e pão que você conseguiu adquirir, e se conseguiu fechar um acordo justo com os vendedores de água. Compro algo que se assemelha à água potável, aceitando-a com relutância. Eu e o vendedor fazemos vista grossa, como nos acordos entre políticos. Cada um valoriza o interesse do outro: eu preciso de algo que ele pode conseguir e ele precisa do que recebe de mim.

Esse foi o primeiro negócio bem-sucedido após tentativas persistentes. Mas, como alguém que espera uma grande explosão depois que o pavio do tempo é aceso, eu enfrentaria um desafio ainda maior: para economizar o restinho do gás de cozinha, corri para buscar uma fornalha, a fim de substituir o botijão pela madeira. Voltei, olhei para o prato vazio, com raiva e pena, como quem observa um filho preguiçoso; mas a comida não se cozinharia com as brasas dos meus olhos, então fui buscar lenha.

Depois de várias tentativas, consegui conectar minha TV a uma linha de energia temporária, enquanto o ruído do gerador do meu vizinho aumentava. Fiquei alternando entre os noticiários. Todas as imagens eram semelhantes: novos escombros soltando fumaça preta, vozes se erguendo e um grito frenético, misturado a um gemido, surgindo entre as ondas de clamor, como uma pessoa se afogando, lutando contra as ondas com os braços quebrados. Luzes vermelhas giravam em frente aos escombros, e lanternas se moviam nas mãos dos socorristas, mas não conseguiam iluminar os corredores da morte para aqueles soterrados sob os telhados pesados.

Eu estava com raiva de mim mesmo. Como poderia me interessar pela cor do sangue em uma tela, com imagens que imitam olhos e bocas, mas transmitem apenas um testemunho incompleto? Saí de casa e bastaram alguns passos para eu me tornar uma testemunha viva, pois o bombardeio não acontecia muito além da rua de trás.

Quanta paciência têm as pessoas que esperam na longa fila em frente às padarias! Deve haver alguma força que revitaliza suas energias e as ajuda a suportar o desconforto, apesar das expressões irritadas. Caminhei ao longo da fila, observando os rostos alinhados, alguns escondidos em seus próprios pensamentos, enquanto a fila avançava lentamente, aborrecendo todos ali.

Fiquei surpreso ao ver a quantidade de rostos, alguns dos quais reconheci de outras cidades. Um deles me contou que sua cidade já não tinha mais espaço, pois as praças e os becos estavam repletos de túmulos. Não respondi, e a tristeza se misturou ao orgulho dentro de mim. Minha cidade, que tinha fechado as portas dos mercados e das escolas para nós, agora se abria para acolher os desabrigados.

Outra noite se passou e acho que a cama se cansou das minhas constantes viradas. O telefone tocava alto por horas, muito próximo de mim, parecendo perguntar: "Quando a guerra vai acabar?". Terminamos a oração da madrugada e, em seguida, procurei na escuridão da cozinha um resto de café, mas não encontrei. Então, fui para o sofá. Minha esposa acordou, como de costume, e eu estava fumando meus cigarros com a mesma furtividade de um adolescente que fuma às escondidas, com movimentos nervosos e repetitivos. Ela me perguntou o motivo da minha irritação, e eu respondi: "Há uma linha tênue entre a tristeza e a raiva."

"Você parece mais triste."

"Somos como o rei triste. Ninguém sabe o que ele sente, mas o veem triste. Assim como ele, nossas feições são moldadas pela tristeza. Mas não estamos com raiva."

O cessar-fogo começará pela manhã. Não faz sentido! Esses dias passarão. Nossa rotina talvez seja interrompida, talvez não. As filas de pessoas que se aglomeram em frente às portas da UNRWA, esperando sua ração de farinha, não diminuirão. O medidor de eletricidade pendurado na entrada da casa, como um brinquedo velho, não voltará a funcionar e a empresa de água não conseguirá operar seus poços como antes.

Durante o cessar-fogo, seremos como um endividado que fez uma viagem de lazer por alguns dias. Suas dívidas ofuscam os momentos de sua viagem, e, quando ele volta, enfrenta a dura realidade de lutar contra seus credores.

Alguém conseguiu converter o forno elétrico de pão em um forno a carvão. Pelo celular, as pessoas trocaram fotos da grande invenção, cada uma em busca de alguém que a ajudasse na conversão dos seus próprios fornos.

Se o trem a vapor voltasse, os trens elétricos conspirariam contra ele, e o moderno trem a combustível nuclear talvez tentasse eliminá-lo. Em seus últimos suspiros, nossa nova máquina também lutava: não foi a eletricidade que conspirou contra ela, mas o carvão que a traiu e estava prestes a acabar. Nem os deslocados, nem os residentes conseguiam mais comprá-lo, sujeitando-se à escassez da oferta e ao aumento da demanda.

Era uma situação difícil da qual não poderíamos escapar, exceto com a vara de Umm Ibrahim, que rasgou a poeira da ansiedade ao acender seu forno de barro, gritando para os vizinhos: “Tragam suas massas!”.

Em meio à poeira da rua apinhada de pedestres e barracas recém-construídas, eu o vi enxugar o suor lamacento da testa. Aproximei-me com cautela. Ele levantou a cabeça na minha direção. Em sua testa surgiram linhas de onde pingava suor, como se ele as espremesse, forçando o suor a cair em seus olhos, misturando-se às lágrimas.

Khaled, que acabara de chegar de Beit Hanun, deslocando-se de abrigo em abrigo a caminho de Rafah, contou como ele e seus amigos se ofereceram para enterrar os corpos inchados e em decomposição encontrados nas ruas. "Não tínhamos nada além de dedos para cavar entre os escombros", disse. "Encontramos uma criança cujo corpo frágil era visível apenas pelo braço, com sua jaqueta vermelha ainda intacta. Tentamos puxar seu braço para tirá-la de lá, pensando que apenas areia cobria seu corpo, mas o braço saiu decepado. Também avistamos as pernas de um homem embaixo do teto de cimento grosso, então as cobrimos com areia para que os cães não as despedaçassem."

Khaled chorou, agarrou minha jaqueta e me puxou para perto. Em meio a soluços sufocados, disse: "Eles não estavam mortos. Juro que ouvi o bebê gemer quando seu braço foi arrancado do corpo, e aquele homem me agradeceu quando cobri suas pernas... Eu juro!".

MUSTAFA AL-NABIH

Cineasta e escritor palestino. Iniciou sua carreira no teatro com o grupo Hanazel. Em seguida, fez sua transição para o cinema, realizando seu primeiro trabalho com o filme *Ma atwalak ya lail?*. Recebeu dezenas de premiações por seus trabalhos em roteiro, direção e atuação.

As cores da dor

Teceremos, a partir da dor, uma história inesquecível. Falarei sobre as cores da morte, sobre minha tentativa desesperada de documentar crimes que não serão esquecidos com o passar do tempo, sobre a câmera que perdi na guerra. Falarei sobre as famílias apagadas do registro civil, sobre a desertificação e a loucura das pessoas, sobre o corte de árvores. Falarei, falarei e falarei sobre o sentimento de impotência depois que perdi a capacidade de expressar o sofrimento alheio.

Apesar das tragédias e das mortes contínuas, meus pensamentos ainda estão ocupados com minha câmera. Qual meu valor como cineasta e jornalista sem minhas ferramentas? Preciso respirar ar fresco que me faça sentir que ainda estou vivo, que tenho valor, que trabalho e documento crimes contra a humanidade. Nós, sobrecarregados de tristezas, carregamos nossa dor e clamamos: "Até quando, ó Deus? Existe alguma morte depois desta morte?".

Vivemos em um estado de confusão, chorando por nós mesmos e nos despedindo de entes queridos, lares e lembranças. A ocupação penetrou nosso sangue, aniquilou nossa humanidade, moeu-a com mísseis, amassou-a com pedras e alimentou a fonte da dor. E nós, de tanto persistirmos na sobrevivência, consumimos até as mudas das árvores.

O que mais posso dizer? Uma rachadura se enraizou em minha realidade. Desejo contemplar meu rosto envelhecido no espelho, anseio pelo cheiro de minha casa, por meu escritório e sonho com minha cama. Desejo abrir a torneira e ver a água correr diante de meus olhos. Meu desejo agora é lavar o rosto com essa água, e não precisar ficar horas na fila entre mulheres, crianças e idosos para me aliviar. Como sonho apertar o interruptor de luz e iluminar meu quarto! Passei a odiar a escuridão que se tornou nossa rude realidade.

A voz do vizinho, o resmungão Abu Muhammad, que costumava trabalhar duro todas as manhãs e noites para assegurar seu pão, já não nos incomoda mais. Ainda choro por meu vizinho e amigo Achraf, um homem educado, gentil e pacífico, que temia arranhar a brisa com sua voz, por isso sussurrava as palavras. Achraf dedicou a vida a fazer feliz sua linda e pequena família. Ele trabalhava arduamente para lhes proporcionar conforto. Achraf é uma vítima do ódio. Eles o privaram do amor e da paz. A guerra tomou sua alma. Sua esposa inocente morreu como mártir. O ódio decepou a perna de seu filho, Muhammad, um jovem sorridente e trabalhador que havia terminado o ensino médio e sonhava com um futuro melhor. Um míssil cruel arrancou sua perna. Um estilhaço criminoso destruiu o olho de sua filha, Laila, uma garotinha linda e risonha, sobre a qual derramaram um outono eterno e lhe roubaram a primavera.

O que está acontecendo? Sinto que estamos fora do mundo criado por Deus. O que morre em nós é maior do que um corpo. As almas que nos deixaram amavam a vida, tinham sonhos e lembranças, e hoje estão sendo destruídas e apagadas do registro civil. Somos habitados por mares de lágrimas reprimidas. Não consigo descrever meus sentimentos; um estado de delírio e confusão me domina enquanto ouço as histórias das famílias desalojadas que fazem meu coração sangrar.

Meus olhos são como uma câmera que escaneia as pessoas e monitora a loucura dos aviões furiosos, a feiura dos tanques que esmagam tudo, de pedras a árvores, e os barcos vorazes que consomem o *verde e o seco*. Tento me convencer de que tudo o que está acontecendo é apenas um pesadelo passageiro. Espero que minha esposa me acorde desse pesadelo, me livre dessas mentiras desconfortáveis e dessa maldição. Eu choro, choro e choro até que as lágrimas percam seu significado.

Ya Allah, ó Deus criador do universo, conceda-nos a capacidade de chorar, pois nosso coração está seco. O que vemos está além de nossa capacidade de suportar. Ainda estamos nos despedindo uns dos outros, temendo que a tragédia enfrentada se torne nossa nova realidade, como se a separação de entes queridos fosse um assunto habitual para nós. Apesar da opressão e da injustiça, ainda resistimos para viver. Somos um povo tolerante e paciente, que ama a vida e valoriza as pessoas.

Depois que o bombardeio se intensificou nas casas próximas e a área foi atingida por bombas de fósforo, decidimos sair de casa e esperar o amanhecer. Olhei para meu lar, abracei o chão e as paredes, peguei minha câmera e a abracei com força. Verifiquei as lentes e preparei o equipamento fotográfico, colocando-os nas bolsas, que guardei embaixo da mesa de jantar no corredor, perto da porta externa, para não as esquecer. O bombardeio se intensificou e as chamas da destruição se reuniram para nos arrancar de lá. Fugimos para Nuseirat e, na ânsia de sobreviver, esqueci meu equipamento. Depois de dois dias, revoltado, decidi correr o risco de voltar para casa e pegar minha câmera. No caminho, chorei por Gaza, cuja aparência estava desfigurada. Seguimos fugindo de um bombardeio para outro, uma devastação que se abateu sobre a região e distorceu suas características.

Nós nos aproximamos de casa e eu pedi a Deus que me desse forças para chorar após testemunhar o horror da guerra, que pintou um quadro grotesco e selvagem. Quando o carro parou, meu filho Ahmed acompanhou o primo Rami até sua casa destruída, na esperança de encontrar algumas roupas entre os escombros. O motorista e eu procuramos um caminho através da devastação para encontrar minha casa. Nem mesmo um segundo se passou antes de ouvirmos o som aterrorizante de uma explosão. O local foi bombardeado com um míssil. Uma tempestade escura se formou e me cercou, separando-me de meu filho. Saltei do carro, aterrorizado, gritando e chamando por Ahmed e Rami. Quando eles emergiram da fumaça, chorei de alívio e agradeci a Deus por ainda estarem vivos.

Voltamos derrotados ao lugar de onde havíamos saído e, após alguns dias, soube que minha casa fora destruída. E compreendi que havia perdido minhas memórias, meus sonhos e minha câmera. Como amo minha profissão e acredito no papel da mídia em promover mudanças, senti-me oprimido e desolado por não poder trabalhar e documentar. Por fim, consegui providenciar um celular, retomei minha função como profissional humanitário, acompanhei o sofrimento dos desabrigados, os roubos e a exploração nos abrigos e documentei os crimes a que estavam expostos. Graças a Deus, a publicação foi concluída e as filmagens contribuíram para melhorias nos abrigos da área de Nuseirat.

Os dias sombrios continuam, e a opressão se intensifica, com choques esmagadores e devastadores que gravam na mente uma realidade visual aterrorizante sobre as histórias das vítimas. Gaza tornou-se um cemitério que devora a todos. Não há lugar seguro na Faixa. O triturador humano engole tudo o que é *verde e seco*. Fomos deslocados pela segunda vez depois que os inimigos despejaram seu inferno de ódio sobre nós. Eles nos arrastaram da Cidade de Gaza para Nuseirat, e de Nuseirat para o inferno das tendas, do frio e da humilhação.

Juntamos nossa dor e corremos para o desconhecido. Chegamos à Universidade Al-Aqsa, em Khan Yunis, e passamos uma noite sombria. Sem abrigo, minha família e eu dormimos no chão e nos cobrimos apenas com o céu. Olhávamos para os aviões acima de nós e esperávamos que eles levassem nossa alma. Nossa respiração estava presa ao terror, e o som dos bombardeios e o ruído dos aviões penetravam nos ouvidos e abafavam nossas vozes. Olhei para o céu, chorei e dormi, me despedindo das almas que nos encheram com tanta vida. Embora tenha perdido dezenas de mártires entre parentes e amigos, essa ferida atingiu meu coração como um outono eterno.

O fato é que adoro as ruas de Gaza e gosto de ler as expressões das pessoas. Passei minha vida percorrendo-as, de manhã e à noite. Enquanto andava, costumava ouvir uma voz que encantava meus ouvidos. Senti falta dela, e isso abriu uma ferida em meu coração que nunca cicatrizará, não importa quanto tempo passe. Seu rosto sorridente ainda me assombra, e o eco de sua voz me acompanha: "Aonde você vai, *aamu*? Não quer que eu te leve?", é o que dizia.

Suleiman foi martirizado com a família e os tios depois que sua casa desabou sobre eles, transformando-se em uma enorme cratera que os engoliu. Alguns foram retirados, outros estão sob os escombros até hoje. Suleiman foi embora, assim como as árvores, os pássaros e as casas, e nós permanecemos como uma história antiga em um álbum de fotografias empoeirado. A dor persiste, e não sabemos quem lamentará quem na jornada do desenraizamento do povo palestino de sua terra.

JIHAN ABU LACHIN

Nasceu em Gaza, em 1977. Atualmente, vive nos acampamentos de deslocados em Rafah. Atuou no teatro e no jornalismo e foi coordenadora do programa de literatura infantil no Instituto Tamer de Educação Comunitária em Gaza. É autora principalmente de literatura infantil.

Sete vezes nos deslocamos

Quando a guerra começou, assim como em todas as guerras anteriores, pensei cuidadosamente sobre o que levaria nas malas. No início, quis levar tudo: documentos de identidade, fotos, livros, roupas, sapatos... Não foi fácil adquirir essas coisas. Então percebi que seria impossível carregar tudo.

Assim, abandonei as paredes, o chão, os sapatos, as roupas, os livros e as fotos, guardando apenas os documentos de identidade. Voltei para checá-los dezenas de vezes, garantindo que havia algo que comprovasse a presença dos membros da minha família neste mundo (minha família era composta por cinco filhos, o pai deles e eu). Como em todas as guerras, coloquei a bolsa com os documentos ao lado da porta de casa, o lugar mais acessível no momento da fuga. Em Gaza, durante as guerras, minha família e eu praticamente morávamos ao lado da porta.

Nesta guerra, pela terceira vez consecutiva, fomos forçados a deixar a casa em que estávamos, cientes de que fugíamos de um perigo para outro. Meus filhos faziam dezenas de perguntas, e não tínhamos respostas para nenhuma delas. A guerra é mais complicada que qualquer explicação.

Hoje, um dos vizinhos gritou: "Corram, há uma ameaça de bomba na casa!". Fugimos. Corremos sem fechar a porta, sem olhar para trás, e, em meio ao pânico, percebemos que tínhamos esquecido os documentos de identidade. Continuamos a correr, entre mísseis, bombas, explosões e paredes desmoronando. Não sabemos se as paredes de casa ou das casas vizinhas. Todas as nossas lembranças ficavam pelas estradas bombardeadas, enquanto corríamos e sangrávamos pelo caminho, sem saber o que acabaria primeiro: nós ou a guerra.

O pior dessa situação terrível é ter a consciência de que se afastar do perigo para proteger seus filhos da morte não é heroísmo; você se sente um traidor, abandonando sua cidade, seu bairro, sua rua, deixando para trás cada detalhe de seu lar, enquanto responde às ameaças da ocupação. Você foge de todo esse perigo para proteger seus filhos e descobre que o lugar para onde a ocupação o empurrou é ainda mais perigoso, e o recebe com bombas e mísseis.

Minha filha de nove anos, Hiba, foi deslocada conosco sete vezes. Fugimos de um perigo para outro, e a cada vez tivemos que seguir as regras das pessoas que nos abrigavam. A serenidade é uma das coisas mais importantes a a ser respeitada, pois na atmosfera de extrema tensão em que vivemos, qualquer ruído adicional ao barulho dos aviões é insuportável. Sem que precisássemos explicar nada, Hiba mantinha essa serenidade apesar do tumulto de seus medos abafados. Hoje, abracei-a com força e disse: "Você não precisa ser uma heroína". Antes que eu pudesse terminar a frase, ela chorou muito e por bastante tempo. Perguntei a ela: "Qual foi o momento mais difícil da guerra?", e Hiba respondeu: "Quando saímos de casa".

A guerra não nos dá muitas opções para decidir o que comer ou em qual padaria comprar nosso pão favorito. Posso quase garantir que, desde a primeira vez que cozinhei utilizando lenha, mesmo a contragosto, dominei meu trabalho com excelência. É isso que eu e todas as mães fazemos agora: assar de maneira primitiva com profissionalismo. Com o passar do tempo, um pedaço de pão se tornou a coisa mais difícil de garantir para nossos filhos. O preço da farinha está muito alto e não há lenha suficiente para que todas as mães possam assar seus pães.

Mais uma vez, minha família e eu carregamos nossos poucos pertences e fugimos das ameaças de invasão militar na região central, seguindo para Tel al-Sultan em Rafah, uma área declarada pela ocupação como zona segura. As cenas foram extremamente difíceis desde o primeiro momento, as tendas ficavam próximas umas das outras e mal abrigavam as pessoas aterrorizadas dentro delas. A água era escassa, e as pessoas faziam longas filas para consegui-la. Tivemos sorte naquela noite e dormimos (somente mulheres e crianças) na barraca de um conhecido, enquanto os homens se acomodaram do lado de fora. A única divisória entre a minha cabeça e a cabeça da mulher que dormia na barraca ao lado era uma fina parede de náilon. Seu bebê acordava de vez em quando, chorando alto, e eu a ouvia amamentar e ninar a criança em voz baixa, com medo de incomodar as pessoas nas tendas vizinhas.

Fez bastante calor durante o dia, mas o frio nos pegou à noite. Dormimos mal e os mosquitos não pararam de nos atormentar com seu zumbido. No dia seguinte, fomos forçados a voltar para a região central ameaçada. Não tínhamos sequer o luxo de escolher ou rejeitar essa vida; não conseguíamos encontrar um lugar simples para morar, já que as possibilidades eram quase inexistentes e, quando havia alguma, os aluguéis eram muito caros — além disso, não podíamos comprar uma barraca com o dinheiro que tínhamos. Voltamos para o centro da Faixa de Gaza, e até hoje cantarolo o velho ditado: "Estávamos satisfeitos com as preocupações, mas as preocupações não estavam satisfeitas conosco".

Fomos deslocados várias vezes de um lugar para outro em busca de segurança. As notícias não eram suficientes para que pudéssemos analisar a situação ou fazer previsões sobre os passos da ocupação. As declarações dos líderes não eram claras o bastante para acalmar as pessoas ou amenizar sua confusão. Poucos dias antes do fim do primeiro mês da guerra, fomos deslocados para um prédio perto do Alabbas Center, a duas ruas do Hospital Al-Chifa.

Éramos duas famílias morando em um andar alto, e a janela da sala de estar se abria para uma vista ampla que nos permitia ver ao longe o norte da Faixa de Gaza. Durante aqueles dias, podíamos ver com nitidez o fogo e as bombas de fósforo consumindo o Norte. As noites eram vermelhas e aterrorizantes, e os efeitos sonoros da cena não eram menos perturbadores, especialmente porque os ataques aconteciam de forma dispersa em Gaza, alguns perto de nós e outros distantes.

Sabíamos que o Hospital Al-Chifa seria o próximo alvo do inimigo e hesitamos muito em decidir se deveríamos deixar o local ou ficar. Eu não queria sair dali, mas sugeri que nos mudássemos. Em tais circunstâncias, meu desejo era a última coisa em que eu podia pensar, especialmente depois que minha filha me disse: "*Mama*, tudo bem se eu me tornar uma mártir, mas se ficarmos aqui e eu perder você ou um braço ou uma perna, nunca vou te perdoar".

Decidimos ir embora, mas voltamos a discordar sobre quando o faríamos; isso porque um dos atiradores de elite inimigos estava posicionado no topo de um prédio próximo. Essa longa e dolorosa espera acabou quando um míssil atingiu um prédio relativamente próximo. Naquele instante, pegamos nossas malas, já preparadas com o essencial, e corremos aterrorizados para deixar o local.

Em 9 de novembro, saímos da casa para a qual havíamos sido deslocados, na Cidade de Gaza, localizada perto do Hospital Al-Chifa, devido às notícias de que a ocupação pretendia realmente atacá-lo. Mudamos para uma casa no bairro de Zeitun, também na Cidade de Gaza, enquanto nos preparávamos para atravessar o corredor humanitário (seguro) anunciado pelo inimigo. Passamos uma noite lá e, no dia seguinte, carregamos nossas poucas malas e entramos em um carro — conseguir uma carona não foi nada fácil. Descemos na rotatória do Kuwait, não muito longe do início do tal corredor, que agora já não parecia tão seguro, nem humanitário.

Combinei com meus filhos que as costas de seu pai seriam o guia deles. Meu marido foi à frente, seguido pelas crianças, e eu me certifiquei de ficar atrás para não as perder. As pessoas pareciam um grande rebanho, cada uma carregando o que podia enquanto levantava a identificação pessoal em uma das mãos (dizem que eram ordens do exército de ocupação). Com medo da violência, movemo-nos como um rebanho, orando o tempo todo para que Deus nos protegesse. Vimos cadáveres e partes de corpos espalhados aqui e ali, além de muitos pertences; a impressão era de que haviam se separado de seus donos, que não puderam carregá-los por medo da possível agressão do inimigo. Vimos homens e mulheres idosos arrastando os pés com dificuldade. Vimos cadeiras de rodas levando pessoas com deficiência, puxadas por outros paralisados de medo, e mulheres carregando duas ou três crianças, todas com idade que não lhes permitia caminhar por muito tempo. Ouvimos muitas vozes confusas e assustadas.

Caminhamos por cerca de uma hora, na mira do inimigo, e depois por cerca de três horas e meia até nos aproximarmos da cidade de Deir al-Balah. Era 10 de novembro, nosso sétimo dia de deslocamento. Estávamos totalmente cientes de que estar longe da Cidade de Gaza poderia significar que nunca mais a veríamos. E essa foi a pior parte.

SAMAHER AL-KHAZINDAR

Escritora, formada em Literatura Inglesa pela Universidade Al--Azhar. Recebeu vários prêmios por seus escritos, como pelo conto "Fi mamlakat al hilm", publicado com o apoio do Unicef e distribuído em todas as escolas da Faixa de Gaza e da Cisjordânia. Também recebeu uma menção honrosa pela peça *Jadaliat majdaliah* no Concurso de Criação Feminina na Cisjordânia e em Gaza.

Esperamos sobreviver

Durante o genocídio, ao som das bombas, Lynn, com seis anos, se agitava e exclamava alegre: "Se a gente fosse pássaro, podia voar e voltar quando acabar a guerra". Absorvida em sua imaginação infantil, dançava com pássaros invisíveis, alheia à realidade dos ataques a nosso redor. Sua irmã Sarah ria e se juntava à dança.

As crianças têm uma capacidade surpreendente de enxergar luz na escuridão. No abrigo, estamos com dezessete crianças, a maioria com menos de dez anos. São travessas, inquietas e, muitas vezes, brigam e se reconciliam. Não adianta tomar partido; logo se percebe que, como diziam as avós, "o juiz das crianças se enforcou".

Eu as observo nos raros momentos de tranquilidade, quando conseguem se afastar da guerra para brincar, e me pergunto:

quem não se encantaria com elas? Quem suportaria vê-las aterrorizadas sob os bombardeios? Quem as abandonaria à morte ou às queimaduras? Um mundo covarde e indiferente responde: "Eu". Muitas vezes, imagino que estamos acampando ao ar livre e que as histórias de destruição são contos de terror narrados ao redor de uma fogueira. Mas o fogo não é uma metáfora; queima nosso coração quando os protagonistas dessas histórias são pessoas reais, conhecidas por todos nós.

A tensão e o medo se refletem nas brigas diárias. Homens discutem com vozes alteradas, prometendo que nunca mais conversarão uns com os outros, mas à noite compartilham chá e ouvem notícias no rádio. As mulheres, enquanto isso, suportam o peso das preocupações dos adultos e das crianças, e, embora compreensivas, muitas vezes são também a origem de desentendimentos.

No abrigo, somos seis mulheres — professora, farmacêutica, gerente, dentista, programadora e jornalista. Todas dividimos o fardo da vida primitiva: assar pão, lavar roupas e cozinhar com lenha. Meu marido, voluntariamente, se especializou em controlar o fogo para poupar-nos do trabalho, evitando que o arroz queime, quando há arroz.

Aprendemos a usar o forno a lenha e a gerir a água, que está disponível uma vez ou outra, para lavar as roupas, e lutamos contra resfriados e infecções intestinais que afetam a todos, enfrentando a falta de remédios, alimentos, roupas e cobertores.

A rotina de deslocamento, o tédio, os bombardeios, as brigas infantis por quem ficará com o travesseiro — tudo nos consome. E ainda há a preocupação constante por aqueles que permanecem quando precisamos sair do abrigo. Nossos filhos adolescentes, apesar de relutantes, ajudam nas filas para conseguir água ou pão, mesmo sem aceitar nossos conselhos ou sermões. Eles amadurecem à força, vendo amigos e parentes partirem ou ficarem feridos.

Cada detalhe alimenta essa grande tragédia. Vivemos uma Ressurreição ao contrário. Aqui, as pessoas morrem por motivos banais e ilógicos, enquanto a tristeza corrói o que resta de nossa alma. Aviões destroem casas, ruas e memórias, separando-nos uns dos outros. Alguns dos que sobrevivem se isolam, e nós, que ainda estamos juntos, agimos como se fôssemos um só corpo.

Sabemos que a mão da morte, que nos separa, é pesada. Mas, por algum motivo, a mão da vida, que teima em nos manter aqui, é ainda mais forte. Eles não facilitam nossa sobrevivência. Corremos entre os poucos que restam, tentando segurar suas almas para que não nos abandonem. Não temos mais medo da morte, do fogo ou de perder nossas casas. Nosso medo agora é sermos deixados sozinhos em meio à devastação.

Estamos perecendo na solidão. Metade do mundo nos ignora, enquanto a outra metade romantiza nossa dor para evitar nos ajudar de forma concreta. Somos humanos comuns. Sentimos frio quando as tempestades arrancam nossas barracas e nos atingem com sua fúria. Temos fome e sede, e entramos em colapso diante da água contaminada.

Temos medo. O ruído ensurdecedor das bombas, o tremor do chão, os gritos das crianças e o choro das avós nos paralisam. O espectro de um novo deslocamento nos apavora.

Escrevo para a história, com o peso da noite em minha mente, enquanto os ataques continuam. Conto até três e passo a mão no rosto, para ter certeza de que ainda estou viva.

Momentaneamente perco o contato com minha família espalhada pelos campos de deslocados. Meu coração se parte a cada notificação de mensagem. Chegam flashes de choro, gritos e pedidos de ajuda, seguidos por imagens de explosões e crianças vendo os rostos de seus pais cobertos de sangue e poeira. Evito olhar para os prédios desmoronando. Depois de tantas cenas, sinto-me como um edifício que desaba, reduzido a fragmentos e poeira.

Ainda sonho com uma nova catástrofe: hordas de pessoas descalças, caminhando sobre espinhos, exiladas de seu coração, quebradas pela saudade e empurradas pela esperança.

Não estamos bem.

Não somos super-humanos para estarmos bem.

Mesmo assim, ainda temos esperança de sobreviver. E, muitas vezes, conseguimos.

HASSAN AL-QATRAWI

Bacharel em Serviço Social, mestre em Aconselhamento Psicológico e doutor em Aconselhamento Psicológico pela Universidade de Trípoli, no Líbano, é professor no Departamento de Psicologia da Universidade Al-Aqsa, em Gaza, e atua como consultor psicológico para várias instituições internacionais. É autor do romance *Lughat Adam* (2022).

Tenda dos infernos

Eram sete da noite quando o som do projétil israelense ecoou. Penetrou pela parede de nossa casa, mas não nos matou. Foi mais misericordioso do que o ladrão de terras que o disparou. Ele sabe que quem tem razão nunca morre. Apenas emitiu um ruído aterrorizante, que as crianças conhecem bem. Minha filha, Lamis, gritou, e eu congelei por dentro. Meu coração parou por um segundo e voltou a bater quando vi que ela estava bem. Lamis, minha única filha, lamentou com a voz de quem conhece o desespero: "O passarinho vai morrer, pai. Vamos fugir daqui!".

O pássaro foi o primeiro pensamento que me veio quando nos aproximamos da morte. Eu o comprei para consolar Lamis em sua solidão. Seus irmãos, os meninos, sempre a esqueciam quando brincavam. O pássaro era seu único amigo quando eu estava fora.

De manhã, nos preparamos para partir. Lamis, ao meu lado, segurava a gaiola com o pássaro. Ela o amava como os pais amam os filhos. Colocou a comida dele na mochila escolar, esvaziada dos livros, criando ali uma pequena despensa para guardar os pertences do bichinho. Deixamos a casa, e as lágrimas silenciosas da minha esposa escorreram. Não é fácil abandonar seu lar para que estranhos o ocupem e o arruínem. Mas esse é nosso destino: escapar de uma morte para enfrentar outra ainda mais cruel.

Em nosso deslocamento forçado, construímos uma tenda que parece ter saído da cabeça do diabo. Os lugares que abrigam você contra sua vontade são prisões miseráveis. Lembrei-me das lágrimas do meu avô, que não cessaram até sua partida. Elas queimavam seu coração como carvões em brasas. Naquele dia, entendi o que é ter uma pátria roubada. Herança não é só dinheiro, também pode ser uma tragédia. Herdei a tragédia dos meus pais no dia do deslocamento.

Na primeira noite, minha esposa e eu choramos em silêncio, depois que as crianças adormeceram. Choramos, sem testemunhas, pelo fardo da opressão que carregamos. Deixamos nossos sonhos na casa que construímos com dores que nunca nos feriram. Eram dores cheias de esperança. Nossas costas não se curvaram ao abandonar a casa para enfrentar a crueldade da ocupação. Devíamos tê-la protegido, mas falhamos. Não sei com que cara retornaremos, se é que algum dia vamos retornar.

Na tenda concebida pelo diabo, tudo nos era estranho, até o riso e o amor. Ríamos para fingir uma força que não tínhamos, tentando nos manter firmes em uma terra que não nos acolhia, em lugares que nos amaldiçoavam por estarmos ali. Não há nada que mate mais o coração do que ser um fardo numa terra que nos vê como estranhos. Deixamos para trás a casa que acolhera nossa fragilidade, com o silêncio dos enlutados e a calma dos feridos. Partimos, mas nosso coração ficou lá.

No dia seguinte, Lamis me disse que o pássaro estava triste. Eu sabia o porquê, mas menti. "Talvez ele não tenha comido", sugeri. "Eu o alimentei", ela respondeu, desconfiada. "Então ele ainda não descansou", eu disse. Ela assentiu, mas não acreditou.

O pássaro sentia falta da casa, assim como minha esposa, mas minha tristeza era ainda maior. Uma tristeza invisível, impossível de enxergar a olho nu. Nossa casa era uma grande pátria para todos nós, até para o pássaro. Os pássaros, como os humanos, conhecem sua terra natal e sofrem ao deixá-la. Não os vê morrer na ausência do lar?

A guerra é a ideia mais estúpida para resolver o ódio entre os povos. Milhares morrem para que outros vivam imersos em ódio e tristeza. As guerras não criam vida, apenas a tornam miserável. O caminho da paz é mais barato e mais simples, mas a voz da paz é sempre rouca, ninguém a ouve direito.

As crianças dormiram sob o som dos bombardeios, enquanto eu permaneci acordado, sozinho e com medo. Quem espera pela morte não conhece o sono. A morte em Gaza é como um homem cego tateando o caminho. Minha esposa também sentia medo, mas fingia dormir, tentando escapar do som da morte. As mulheres, como as crianças, têm muito medo. A diferença está na intensidade: o medo das mulheres é maior, pois está ligado ao amor. Na guerra, a voz do amor é abafada pelo som da morte.

Fugindo da dor, procurei os livros que haviam escapado comigo. Eu tinha reunido apenas alguns. O restante ficou para trás, talvez me amaldiçoando por tê-los abandonado. Como pude fugir sem eles? Ouvi seus gemidos ao fechar a porta, eram como os gritos de uma mulher muda. Tudo o que deixei na casa me amaldiçoava; fugir sem o que amamos é uma traição ao amor que nos uniu.

Minha esposa, meio adormecida, percebeu o que eu fazia e disse com uma voz triste: "Não trouxemos os livros". Ela havia retirado os livros para dar espaço nas malas para as roupas das crianças. Sorri com sarcasmo. Meus poucos livros não tinham lugar, as coisas das crianças eram mais importantes. Pela primeira vez, senti uma facada traiçoeira da minha esposa. Os livros são tão importantes quanto os pertences dos nossos filhos. Como pudemos abandoná-los? Lembrei dos gemidos e percebi que deixara parte do meu coração ali: minha biblioteca, minha vida, perdida em um instante. A guerra é assim.

Pela manhã, meu celular tocou. Em tempos de guerra, o toque de um telefone sempre traz calamidade. Orei para que Deus me desse paz, mas Ele não respondeu. Na voz do meu amigo, havia um choro contido. Ele me contou que um amigo em comum estava sob os escombros com a esposa e os filhos. Eu não sabia como consolá-lo. Tudo isso é muito estranho. A partida do amigo e da sua família era uma tristeza que se acumulava a muitas outras. Não há reverência diante da morte nesta guerra. Desliguei o telefone sem saber o que fazer. Eu estava em deslocamento, e meu amigo em sua casa. A distância entre nós era semelhante a um istmo que separa a morte física da morte psicológica. Todos morrem, a única diferença está no método.

Nesta guerra, morremos sem nos despedir; é sempre uma tristeza temporária, logo seguida por outra tristeza.

Depois de uma hora, fui ao mercado levando a fome da morte e voltei trazendo a comida da vida. Comemos para viver mais um dia como se estivéssemos mortos. Sonhamos com uma morte melhor, pois morrer sob escombros é aterrorizante. Pensei muito na morte do meu amigo e da sua família. Será que ele gritou a noite toda, esperando por salvação? A ideia da sua morte lenta me apavora.

Quando cheguei à tenda, minha esposa disse que a água havia acabado. A tragédia se revela nos pequenos detalhes. Fui até a estação de água dessalinizada e encontrei uma fila maior que as tristezas da guerra.

Na fila, todos são iguais. Sou consultor psicológico e professor assistente na Universidade Al-Aqsa. Ao meu lado, alguém que talvez tenha sido meu aluno, um colega ou um conhecido. Todos respeitam sua vez. Na fila da água todos são iguais, como se trilhassem o caminho final.

Ao encher o galão, fui tomado por uma felicidade temporária, como a de uma criança com um brinquedo novo. Voltei rápido para a tenda do diabo e vi meu filho se contorcendo na cama como uma cobra assustada, doente por causa do frio do deslocamento. Um frio tão severo quanto a indiferença do mundo à nossa morte.

Comprei um remédio sem nome e um antitérmico que parece um suco fedorento. Meu filho foi curado pelo “remédio de Deus", pelas orações; pois, quando os especialistas estão ausentes, Sua sabedoria se revela.

À noite, reuni-me com os vizinhos em torno do rádio. O locutor falava coisas incríveis sobre a força do nosso povo, sua coragem e paciência. Eu ria em silêncio, protegido pela *keffiyeh* que me aquecia do frio. Onde está a força? Devo gritar? O que fazer para que parem de mentir?

Somos oprimidos, senhor. Há uma diferença entre paciência e opressão. Paciência é suportar algo. Somos oprimidos, sem poder mudar isso. Aquele que enfrenta a morte contra a sua vontade não é forte ou paciente, mas oprimido. Pedem-nos paciência para fugirem das responsabilidades.

Pela manhã, vi Lamis chorando. Suas lágrimas queimavam meu coração. Eu sabia que algo havia acontecido com o pássaro e pensava em como consolá-la. Ela veio até mim com passos pesados, como quem caminha na lama, e disse, derrotada: "O passarinho morreu, e eu chorei!". Não consegui encontrar palavras.

Abracei-a em silêncio. O silêncio era o único lamento. O pássaro, incapaz de se comunicar conosco, encontrou na morte uma forma de expressão para nos contar sua tristeza.

NIMA HASSAN

Romancista, poeta e dramaturga, atua na área de apoio psicológico às mulheres. Publicou dois romances: *Haithu rakas allahab* (2017) e *Lam yakun maut* (2021), além de uma coletânea de ensaios e artigos intitulada *Rissael bifael faiilah*, publicada na revista *Harvard* em 2021.

Ponto zero

As crianças estão sempre à procura de um lugar seguro, um ponto de referência. Sempre que se perdem, retornam a esse ponto, como se houvesse uma bússola em sua pequena mente. Esse lugar pode ser uma pessoa, um cheiro ou até mesmo uma loja no fim da rua. Quando eu me perdia pelas vielas do acampamento, a voz do muezim na Mesquita Ali Ibn Abu Talib me guiava.

As crianças não sabem o destino, mas seguem as referências. A Mesquita Ali era a minha referência para o caminho da escola, da loja, e para casa. Eu me vangloriava ao passar por ela, segurando firme a mão do meu pai (que Deus o tenha). Cresci cruzando seu caminho, como se a mesquita fosse minha. Ensinei aos meus filhos o mesmo: "Se se perder e não souber o caminho, sente-se em frente à Mesquita Ali, e eu vou te encontrar".

Ela sempre nos resgatava, não importava quão longe as estradas nos levassem, chamando-nos de volta com o som de seu minarete e o aroma quente que escapava de suas portas antigas.

O zumbido parecia cada vez mais próximo, invadindo meus pensamentos. O bombardeio fez meu coração saltar, senti uma pontada aguda. Deixei o trabalho e o que estava em minhas mãos, e parti na direção da dor: "Talvez o bombardeio tenha atingido meus filhos".

Os demônios da minha mente ansiosa sussurravam uns para os outros. Corri entre a multidão imóvel da cidade deslocada. Não havia espaço para passos, era uma onda colidindo com outra, e você só sobrevive se se afogar nela. Não há outro meio de se mover. Você precisa correr, rastejar, saltar e até voar, se o céu permitir, para chegar a seu destino.

Não ouse perguntar: "Onde foi o bombardeio? De quem é a casa destruída?". A resposta são estilhaços cortando seu rosto sem piedade. Quando cheguei ao bairro onde vivi toda a vida, pela primeira vez não reconheci o lugar. Meu coração se ajoelhou. A Mesquita Ali fez sua última prostração, sem súplica. A mesquita e o minarete estavam destruídos, e a cidade girava sem bússola.

"Ali... onde as crianças perdidas se sentarão agora?"

Um dia qualquer... da guerra

Acordar cedo não significa necessariamente que você é uma pessoa cheia de energia, pronta para receber o ar fresco da manhã e se espreguiçar com tranquilidade, ganhando ânimo para se levantar. O vento da noite foi forte, como se punisse as tendas por estarem no meio da rua. Minha cama fria me fez verificar a temperatura dos meus filhos — temia que sentissem o mesmo frio que eu. Todos tinham o rosto voltado para mim, o corpo enrolado como um anel fechado comigo no centro, esperando um sinal para se moverem. Eu era a dançarina principal naquele círculo. Talvez suas respirações compusessem a melodia, e o som do drone fosse uma intervenção do diretor para chamar atenção.

Mahmud, meu filho mais velho, começa algo novo hoje: fazer doces e vender para os moradores das tendas e escolas. A chegada da ajuda humanitária e a disponibilidade de farinha fizeram o preço cair, tornando possível comprá-la — diferente dos dias em que procurávamos farinha como se fosse minério raro. Ontem, a cidade carregava sacos de trigo, não os corpos dos mártires. Um dia digno de muitas linhas, mas prefiro não fazê-las, para que o vendedor de farinha não tropece e a cidade não fique novamente sem pão.

Às três da manhã, os amigos de Mahmud bateram levemente na porta da sala de aula onde montamos as tendas, para acordá-lo e começar o trabalho. Não sabiam que todos já estávamos acordados, mas fingíamos dormir, para distrair a escuridão ao redor. Mahmud saiu com uma energia estranha. Ao atravessar a porta, ouvi o som de seu maxilar tremendo de frio. Sorri. Ele sempre exagera para se sentir o herói da situação. Mas uma pontada de dor me fez encarar a escuridão de olhos abertos. Os cochilos intermitentes acabaram; eu também precisava me levantar. Não havia espaço para me alongar, abrir os braços ou me apoiar para levantar. Pulei como um coelho saindo da gaiola.

Pensar em ir ao banheiro é uma tarefa que evito. Espero até a luz do sol surgir, então vou à casa dos parentes dos meus filhos para usar o banheiro. Não posso competir com cem mulheres e crianças por um único banheiro. Ter o luxo de usar um banheiro fora dali me faz sentir como se tivesse um ingresso VIP para a ópera.

Levei meus três filhos pequenos comigo. Caminhamos uma boa distância no frio, carregando garrafas de água como tesouros, conferindo-as a cada passo. Não me importo mais com os olhares de desagrado da família; tenho direito a usar um banheiro decente, e não renuncio a isso.

Voltar e lavar o rosto exige mais água, mas meus meninos dariam um jeito, mesmo que envergonhados. Eles eram homens em tempos de guerra. Preparei duas garrafas com seus nomes escritos, e eles riram bastante. Caminhávamos pela rua com nossas garrafas nomeadas, implorando aqui e ali por um banheiro.

Esprememos meio limão na água como substituto do sabão, algo que não tínhamos. Uma garrafinha para lavar o rosto, e reciclávamos a água para lavar os pés numa tigela, cuidando para não desperdiçarmos uma única gota. Montamos um lugar com um pouco de privacidade, com cadeiras e cortinas velhas, delimitando nosso espaço na sala de aula.

Preparar o café da manhã para os pequenos requer gravetos que acendam rápido. Minha alegria ao ver o fogo pegar é equivalente à de uma criança que ganha um pacotinho de batatas chips, doadas generosamente pela UNRWA. Um biscoito seria um luxo, algo que aguardo com empolgação silenciosa. O dinheiro perdeu seu valor. Muitos papéis alimentam a chama sob uma chaleira com água para o chá. As notas não compram ingredientes numa cidade vazia de tudo, exceto da morte.

A fila para buscar água é um teste de equilíbrio. Você não pode dar um passo para trás nem olhar para o céu, mesmo que o som da morte tente desviar sua atenção. A fonte de água à sua frente é sua conexão com a vida.

Hora do almoço. Perdi a noção do tempo. Os compromissos tornaram-se todos iguais:

A fila
A fila do pão
A fila da água
A fila do medo
A fila do tempo
A fila da morte

A verdadeira resiliência é voltar de todas essas filas sem perder nada do seu corpo. Sua alma está quebrada, mas tudo bem.

Na fila

Esperando o descanso do trigo
E o sorriso do homem polvilhado com farinha
E o pão caindo livremente no campo de batalha

Na fila

Uma garota tenta lembrar o significado de sua feminilidade
E um homem canta para o forno
E outro tenta entender os gritos na rua em chamas

E eu fico no meio da história
Reunindo os pássaros na minha cabeça

Na fila

Uma velha amaldiçoa o campo e as espigas de trigo
E enuncia o nome das cidades altas
Costurando a corda da fome
Para fazer um grande saco de farinha
O suficiente para os guardas das tendas

Na fila

Você e eu
Uma garota roe as unhas
Um homem cospe na guerra
E uma mulher passa batom por baixo do véu

Não há água na cidade para lavar nossos pecados
Mas desafiamos o inferno para conseguir um pão fresco
Um momento antes da hora da morte

Agora, esqueça tudo isso e comece a entender a linguagem da escuridão. Ela será sua companheira nas próximas horas, e você terá muitas histórias para ouvir, dependendo do humor dos aviões que passam sobre sua cabeça, prontos para despejar.

Andar pelas ruas lotadas faz você se sentir como se estivesse flutuando na fumaça, talvez de um narguilé, que faz você sorrir por dentro ao ser tocado, ainda que de maneira indiferente, pelas multidões ao seu redor; ou na fumaça do fogo que o desperta às cinco da manhã para recolher papel e gravetos. Se não encontra o suficiente, você abre mão de suas roupas ou de seus livros preciosos, amaldiçoando o mundo inteiro em uma torrente de palavrões.

O curioso é que, nesse momento, você não amaldiçoa a guerra. Para testar os limites de sua paciência, você permite que ela se expanda dentro de si. Maldições aliviam a raiva em relação às coisas.

A cidade treme de repente, abaixo de você e ao redor, enquanto as multidões balançam ao som das explosões sucessivas.

"Bombardeio em Tel al-Sultan."

"Onde fica Tel al-Sultan?", pergunto, tomado pelo pânico.

"Estão falando da Escola de Riad."

"Perto dos meus filhos!", gritei.

Empurrei a multidão com todas as minhas forças, correndo para chegar lá antes da morte. Queria olhar para o céu, impedir o Anjo da Morte de chegar ao local da explosão, fazê-lo esperar até eu alcançá-los. As coisas que eu carregava caíram das mãos, mas não me importei. Nós comeremos mais tarde, depois que eu os pegar em meus braços, a salvo dos aviões.

Tentei parar qualquer carro, mas todos estavam lotados, com pessoas competindo para chegar aos entes queridos antes da morte. Desesperada, joguei-me no meio da rua, forçando os carros a pararem, mas os caminhões de bombeiros e as ambulâncias chegavam mais rápido.

Corria e chorava, tentando encontrar alguém que me ajudasse, mas ninguém me notava. Agora, todos viam apenas o próprio medo. Finalmente, um motorista me colocou no porta-malas do carro. Cheguei à rua da escola; o lugar estava coberto por uma poeira escura. Bombardearam a casa vizinha enquanto as pessoas ainda estavam lá dentro e a morte se espalhava sob os escombros. Pensei ter ouvido os gemidos das crianças e da mãe grávida de oito meses; talvez o bebê chorasse em seu ventre. Eu não conseguia atravessar aquele mar de morte para alcançar meus filhos.

Um homem me alertou: "Precisamos procurar por sobreviventes antes que anoiteça". Despertei do estado de pânico e corri de volta para meus filhos, que me abraçaram com medo.

Naquela noite, dormimos em um quartinho na casa do tio deles. Todos amontoados, em silêncio, como se tivéssemos combinado de não dizer nada.

De repente, o telefone tocou, algo surpreendente, já que as redes de comunicação estavam fora do ar havia tempos. Era Mustafa, meu filho, ligando da Alemanha após a meia-noite. Meu coração afundou.

"*Mama*, onde estão bombardeando?"

“Não sei, mas o bombardeio parece distante daqui.”

“*Mama*, a casa do tio foi destruída.”

“O que você está dizendo?”

“*Mama*, acho que é verdade.”

“Não se preocupe, vou verificar.”

Desliguei o telefone às pressas e bati na porta ao lado. O tio das crianças abriu: “Ligue para a casa do seu irmão em Jeneina. Precisamos saber onde foi o bombardeio.”

“Por quê? Alguém ligou?”

“Sim, Mustafa ligou da Alemanha.”

“Que Deus nos proteja.”

A expressão de terror no rosto dele dizia tudo. O telefone tocava sem resposta, o que confirmava o pior. Queríamos saber quem morreu e quem sobreviveu. As ligações entre os irmãos começaram.

O tio mais velho dos meus filhos, seus seis filhos, seus quatro netos e a mãe deles foram todos martirizados. Em um só bombardeio, o quarteirão inteiro foi massacrado. Mais de catorze pessoas morreram.

Houve tanta morte naquele dia que me perguntei como o Anjo da Morte conseguira levar tantas vidas de uma vez. Pensamentos como esse disputavam espaço em minha mente, agora coberta por uma fumaça densa. Nada impede você de gritar, mas você simplesmente não consegue. Sabíamos que todos haviam morrido, mas, em vez de aceitar a morte, insistíamos em discutir a possibilidade de vida. Talvez estivessem vivos sob os escombros.

Ao amanhecer, todos foram cavar, procurando vida onde sabiam que não havia. Ó Deus, não nos abandone ao nosso medo.

O medo de encarar os vivos me aterrorizava mais do que a ideia de admitir a morte. Como confortar os outros? Como pedir paciência? A paciência não me convence. Não consigo explicá-la, muito menos senti-la. Como pedir que outros a sintam?

Somos todos mentirosos, forçados a preencher o vazio dentro de nós com a palavra "paciência". O que mais me entristeceu foi o avô das crianças. Ele estava parado, sem entender o que acontecia — o Alzheimer o privara de distinguir as coisas, mas ele ainda as sentia.

"Estou esperando meu filho mais velho vir me visitar hoje. Ele está atrasado?"

Não tive coragem de contar a verdade. Deixei que sua curta memória mantivesse o filho vivo. A espera sem encarar a verdade é reconfortante. O que inquieta a mente é o sentimento que não se apaga da memória.

RIMA MAHMUD

Diretora de cinema, formada em produção de documentários pelo Gaza Media Center da Universidade de Birzeit. Alguns de seus trabalhos foram exibidos em festivais locais e internacionais, em países como Marrocos, Omã, Malásia e Iraque.

Outro êxodo

Deixei a casa da minha irmã em Miraj (Rafah Oriental), onde me refugiei após meu segundo deslocamento de Khan Yunis. Esse foi, portanto, meu terceiro deslocamento, completamente diferente dos anteriores. Há uma grande diferença entre ser deslocada de uma casa para outra e ser removida de um lar para uma tenda.

Quando saí de Miraj às dez da manhã em direção ao bairro saudita, em Tel al-Sultan, não encontrei transporte disponível. Caminhei por quase uma hora até avistar uma carroça. Parei-a e segui viagem pelas áreas de deslocamento. As cenas no caminho eram difíceis de suportar, acompanhadas por um cheiro devastador. Pessoas caminhavam por toda parte, tendas lotavam as ruas, e óleos substituíam combustíveis nos veículos. O que suavizou um pouco a situação foi o carroceiro, que, alheio à tragédia ao redor, cantava como se estivesse em outro mundo. Cheguei ao meu destino duas horas depois, ao meio-dia.

Só reencontrei minha irmã dezessete dias após o fim do cessar-fogo temporário. Sentimentos contraditórios me invadiram, mas o alívio predominou ao saber que ela estava bem, graças a Deus. Pedi à minha sobrinha Sarah, de 16 anos, uma xícara de chá. Conversamos sobre a vida na tenda, tentando nos preparar para aceitá-la. A primeira pergunta que fiz foi sobre o banheiro. Ela riu com ironia e respondeu: "Tia Rima, não é como lá em casa. Tem um buraco no chão e não há água".

Esse foi um dos desafios: aceitar a superlotação e ter que esperar na fila para usar o banheiro. Fiquei na tenda por duas horas antes de sair para procurar minha amiga Wasam. Infelizmente, não consegui encontrá-la devido ao congestionamento de pessoas e à falta de comunicação na Faixa de Gaza. Voltei à tenda e fiz a oração da tarde. Logo senti fome. Costumo comer pão feito no *saj*, mas não havia um disponível. Mesmo sem o *saj*, preparei outro tipo de massa. Minha irmã a assou no fogo e comi com zaatar e azeite.

Voltei a caminhar entre as tendas e me deparei com uma fila de homens e mulheres. Ao perguntar que fila era aquela, me disseram: "Quem quiser farinha, precisa esperar". Juntei-me à fila e, depois de uma hora, vidros começaram a voar sobre nossa cabeça devido a um conflito entre as pessoas. Fugimos, rindo do absurdo da situação. Como diz o ditado: "O pior dos infortúnios é aquele que nos faz rir".

Voltei à tenda e fiz as orações de *Maghreb* e *Icha*.[4] A noite caiu, e o som do vento e dos pássaros encheu o ambiente. Senti

---

4 *Maghreb* e *Icha* são duas das cinco orações diárias obrigatórias no Islã. *Maghreb* é realizada ao pôr do sol e marca o início da noite. *Icha*, a última oração do dia, ocorre à noite.

frio, e os primeiros sintomas de resfriado apareceram. Tomei um remédio rapidamente, temendo adoecer na tenda.

Minha cama era apenas uma manta sobre a areia e um cobertor para me aquecer. Como dizia minha sobrinha: "Dormimos na areia, comemos na areia. Nossa vida é areia sobre areia". Assim vivi todos os dias na tenda, cercada de areia.

Por volta das sete da noite, liguei o rádio para ouvir as notícias e análises políticas e militares da Al Jazeera. Duas horas depois, senti a necessidade de ir ao banheiro — aquele que eu evitava desde que cheguei. Fui, e gostaria de não ter ido. Dá para imaginar por quê. Mesmo assim, usei-o e voltei correndo à barraca. A noite foi interrompida pelo frio e pela umidade. Bebi sahlab[5] e comi biscoitos comprados com meu próprio dinheiro.

Mais tarde, saí com minhas irmãs para comprar mercadorias, já que os preços estavam baixos. Compramos biscoitos, halawa e mel preto e retornamos à barraca. Tentei dormir, mas por volta das onze da noite fui despertada por uma voz que chamou minha irmã e seu marido para receberem um recipiente. Minha irmã voltou com ele nas mãos como se fosse um tesouro. Curiosa, espiei o que havia: algumas latas, torradas e mel. Ó Deus, que cena dolorosa, ver alguém que antes tinha tudo agora valorizando itens tão simples.

A lua fraca iluminava aquela noite escura. Lutei contra as violações da ocupação, chorando pela tristeza de uma cidade

---

5 Sahlab é uma bebida tradicional do Oriente Médio, feita a partir de um pó extraído das raízes de orquídeas silvestres. Esse pó é misturado com leite e açúcar, sendo muitas vezes temperado com água de rosas ou água de flor de laranjeira.

devastada. Quando o sol nasceu, eu só havia dormido uma hora e meia.

Às sete da manhã, disse às minhas irmãs: "Vamos buscar nosso sustento". Saímos, mas não encontramos o que queríamos. Voltei à tenda, tomei café da manhã, bebi chá e ouvi as notícias. Ao saber de um bombardeio próximo ao Hospital Europeu e da interrupção das comunicações, saí correndo para encontrar transporte de volta à casa da minha irmã em Miraj, onde minha mãe estava. Consegui um carro, caro como sempre, mas cheguei até ela, sentindo novamente a segurança que havia perdido na noite anterior.

A pergunta que não me sai da mente é: sobreviveremos? Serei capaz de esquecer o que vivi na guerra? Meus amigos ficarão bem? Ou morreremos com esse amor pela nossa terra?

Gaza, que eu amo. Aquela noiva violentada na noite de núpcias diante do mundo, que nada fez para ajudá-la. Gaza vai se recuperar, resistir e reivindicar seus direitos, de cabeça erguida, como sempre fez. Gaza, que eu amo, é o pulsar do meu coração, da minha alma e de tudo o que valorizo.

MAHMUD ASSAF

Escritor, romancista e acadêmico, atua na área de administração e planejamento educacional em diversas universidades palestinas. Integra o conselho de avaliação da *Revista Árabe para Garantia de Qualidade na Educação Universitária* desde 2018. Possui uma vasta produção literária, incluindo obras de pesquisa e romances.

Ordens de silêncio

Aqui, uma criança nasce repetidas vezes: uma vez em meio a um pilar de fogo, outra nos braços de uma miragem, e em tantas outras nas profundezas do deserto. Ela surge sob os escombros, durante os bombardeios, ou no cemitério coberto de neve, para depois viver com as recompensas que tudo isso traz.

Antes da morte, experimenta guerras amargas, oscilando entre espelhos convexos e côncavos, tentando esconder sua tristeza nos bancos de madeira espalhados pelo pátio do orfanato.

A vida segue, e aquela antiga criança agora carrega um sonho em uma mão e, em outra, a mortalha. Contempla a cidade dos mortos, cheia de rostos vidrados e sons de takbir — *Allahu Akbar!* —, rebelando-se contra o silêncio.

Ela rejeita todos os discursos inflamados, sermões religiosos e ajudas alimentares, buscando refúgio nas florestas consumidas pelo fogo.

À noite, vive uma vida repleta de segredos e durante o dia foge para dormir, evitando ser levada ao túmulo das ovelhas.

Embora tenha muitos filhos, a má sorte a acompanha. A lua ri dela, o sol se põe quando ela o encara, e seu rosto lembra o mapa da Palestina, traçado como uma ponte para a libertação.

Identidade

Somos os filhos da pureza, marginalizados no mapa do universo, os loucos de Gaza que devoram fogo e bebem lágrimas entre aqueles que se frustram em nome da humanidade, presos na garganta deste tempo.

Somos o resumo das manchetes e a prova da dor implacável, a morte da qual todos fogem, os reacionários que pertencem a esta terra.

Essa identidade é parte da pátria espinhosa, que nos traz o rosto dos que se foram, em cada canto. Apertamos a mão de seus vestígios por toda parte, e em cada conversa suas vozes ecoam para nós.

Somos estranhos aos olhos do povo, filhos da cidade que molda o tempo para assar, em seus fornos, a esperança do porvir. Viciados no café traiçoeiro, apagamos as memórias de nossa primeira biografia.

Somos a folha de figueira que cobre a vergonha das ruínas, oferecendo o toque suave de sorrisos àqueles exaustos de vigílias, para que fechem os olhos e se preparem para os discursos da revolução corrompida.

Essa identidade é a desobediência que alimenta a madrugada, unindo flores sobre as mesas ao som dos aviões, impondo fitas vermelhas com notícias urgentes nas telas. Ela ignora as longas chamadas e as feridas amarelas nos corpos doentes.

Tudo o que somos pulsa com orgulho.

Tudo o que somos é habitado pela dignidade.

Somos a violência dos climas e o silêncio impregnado de vitória. Somos a luz de Deus, que nunca se apaga.

Rosas traídas

Desta vez, tive coragem e ousei profanar minha própria sombra. Traí a rosa plantada sob minha pele e, contra minha vontade, aceitei que minha tristeza se transformasse em uma lua nova. Enviei meus filhos, em meu lugar, para a fila do pão, com a condição de que ficassem em filas separadas. Assim, se a sorte estivesse a seu favor, receberiam duas porções; e se os bombardeios os atingissem, não morreriam todos.

Quem me dera ter morrido antes disso e ter sido esquecido. Quanto tempo duram essas horas? Quais pensamentos sombrios e quanta dor existem nelas? Não preciso de mais nada além de uma revelação, nada além de um longo túnel do tempo que encurte o retorno deles ou acalme meu coração arrependido, dizendo que eles estão bem.

Ó, quanta tolice a minha! Que tipo de pão poderei comer enquanto meu coração pulsa na garganta, tamanha ansiedade?!

Vou registrar no diário preto este dia cujos eventos eu mesmo escolhi, e o arrependimento que parece respirar em meus pulmões.

Depois de horas preenchidas pela ansiedade como um balão, durante as quais apenas tentei vestir a tristeza — contando a areia e perseguindo fantasmas —, estava prestes a me render à paranoia e à dialética dos meus pensamentos perturbados.

Eles voltaram quebrados como uma embalagem de presente vazia, como um cilindro de ar que não salvou o mergulhador. Voltaram com uma única porção de pão afundada na humilhação.

Naquela hora, tudo o que me importava era o abraço deles, o que aumentou minha responsabilidade e meu arrependimento.

De norte a sul

Como aqueles que estão atordoados, perdermos a certeza de decidir nosso destino. Repetiremos o deslocamento de nossos ancestrais, erguendo a bandeira branca, nus como as pedras? Ou continuaremos esperando pela morte e pela atualização das datas de luto que carregamos dentro de nós?

Que passos confusos são esses entre a dignidade e os escombros, entre despir memórias, relembrar histórias e a miséria de uma época passada e ouvir o último sino antes de registrar o nome na lista de beneficiários de uma ajuda humanitária imaginária?

Para as cidades que iremos, carregamos nosso cansaço das cidades que abandonamos, pendurados nos espinhos dos vales, crescendo dia após dia na encruzilhada do exílio. Quantos inimigos estão à nossa espreita agora?

Para dias como este, deveríamos ter nascido com corações tão grandes quanto montanhas e olhos que valessem por mil. Em um dia como este, como em nenhum outro, as consciências morrem com eficácia. Por este dia e por nenhum outro, a humanidade é amaldiçoada. Por este dia e por nenhum outro, o pertencimento deve ser assassinado. Uma nação que amamenta a vergonha de seios expostos.

Ó árabes, não há nada que os preocupe em relação a nós? Ó muçulmanos, vocês já viram nosso rosto nos tapetes de oração? Ó você que reivindica a paz, como consegue dormir? Ó pássaro no peito, *salam*, adeus. Ó cidade oprimida, até um encontro distante. Ó família dispersa, *salam*, adeus.

Fantasma

Você sabe o que significa ser uma pessoa deslocada em sua terra natal? Significa que você não pode fazer nada além de vagar pelo estacionamento. Significa que o espectro da morte o assombra a todo momento, por meio da fome, da sede e da humilhação. Significa que sua sombra se desintegra ao longo do tempo, e seu sonho e seu futuro esvanecem sobre leitos de insônia.

Significa perder todos os sentimentos, exceto a ansiedade, e se tornar um homem quase mitológico; as mulheres passam por você como sombras, e um dos cães policiais espiona qualquer ajuda humanitária que ainda restou. Não há som algum além do silêncio que paira no local, e nenhuma chama além do ardor do coração nas florestas do deslocamento.

Pela primeira vez, os moradores da tenda odeiam a música *Rijaet al chatwiya*, de Fairuz, e desejam ser amigos do sol o ano todo, depois que a chuva quase destruiu o acampamento, ensinando-lhes como a morte pode parecer um desejo.

O medo da chuva cria alienação entre eles, devido à incapacidade de garantir mais do que já conseguiram, e aumenta a ansiedade em relação ao leito coberto de feridas, afogando-os na lama dos caminhos e nas queimaduras do frio.

Quantas boas intenções fracassadas, direcionando a bússola para o lamento de mais homens, batendo em uma nova porta para a opressão e aumentando o número de corpos massacrados pelas facas da decepção.

Você sabe o que significa implorar para que alguém o aceite como hóspede em sua casa, em vez de dormir nas ruas e calçadas? Significa que você se dispõe a implorar a ponto de não ver nada além de submissão, e que seus dias não têm mais nada além de choro, enquanto suas noites se tornam apenas suspiros e sua mente se transforma em um manto de lembranças.

Isso significa que seu dia se passa entre o carregamento de recipientes de água salgada para uso doméstico e a espera na fila por água potável, além de se transformar em nuvem devido ao uso excessivo de lenha e fogo.

Todas as promessas de que havia luz no fim do túnel eram falsas, e todas as tentativas das ambulâncias que buscavam os mortos não tiveram sucesso.

Deslocamento significa continuar vítima de notícias contraditórias, ver a ansiedade se multiplicar dentro de você a ponto de desejar a morte, observar as ruínas controlando seu futuro e tentar, em vão, inventar um terceiro destino.

O choro das tendas

Sob as nuvens, a chuva invadiu as tendas com força, não para afogá-las, mas como pranto pela condição de seus habitantes. A água se infiltrou sorrateiramente nas cobertas frias, como uma punhalada rápida na escuridão.

A água inundou o que restava das tendas. Os donos correram para protegê-las, para que os corpos esquecidos não fossem enterrados nelas. As mães apressaram-se para acordar as crianças que dormiam, mas a chuva era mais horrível do que uma bruxa ao revelar seu rosto no espelho.

Uma nova noite de dor acumulada, desta vez fechando os poros das almas exaustas com água, e não com poeira. Tudo para intensificar a realidade cotidiana de mais deslocamento, dor e ferrugem sob as bandeiras da frágil firmeza e da dignidade despojada da terra natal.

Uma maldição

A coisa mais terrível que me aconteceu com o deslocamento foi a perda de qualquer forma de objeção ou aprovação interior. Não havia mais direção ou escolha; tudo era como o nada, sem diferença entre se esforçar e dormir, entre parar e continuar, entre preocupar-se e relaxar, entre ter fome e pedir comida, entre sentir e não sentir. Eu estava vazio de todas as expressões da vida, como se elas não me dissessem respeito, esperando que o dia voltasse à noite e a noite voltasse ao dia.

O que mais me oprimia no deslocamento era saber que o pão estava sendo preparado para meus filhos, e que eles seriam obrigados a trabalhar em nome da colaboração para minimizar a dureza das condições de vida. Eu tinha que pedir permissão para abraçar minha filha, para sentir um momento fugaz que libertasse minha alma, e esperava pela sexta-feira, quando recebia alguns litros de água quente, que aliviavam meu corpo apodrecido do cheiro e da fumaça do fogo. Há uma dor que acende as lâmpadas da nostalgia; há brisas que assombram o pão de nossas lembranças, que sempre contestamos por sua maldade, sem saber que havia algo de bom nelas.

A parede foi derrubada sobre todos nós e nada ficou além das sombras. Nossa vida se transformou em um ventilador enferrujado, e tudo que restou foi a espera pela morte.

O amor pela vida nos fez acreditar que sobreviver com a alma é mais importante do que dinheiro, uma casa e lembranças. Isso não passa de um legado cômico, pois a morte tem diferentes formas e vivemos muitas delas todos os dias. Se ao menos tivéssemos morrido antes que a maldição dos desabrigados e desalojados nos alcançassem...

NASSER RABAH

Poeta e romancista, publicou cinco obras poéticas e dois romances, entre eles: *Munzu saah takriban*. É membro do Sindicato dos Escritores e Autores Palestinos.

No aniversário da guerra

Os presentes que não te enviei no aniversário, o aceno do poema para mim enquanto fecho o livro, como se estivesse se esfacelando, as pontes cerradas entre minha boca e minhas palavras sobre todas as coisas, os quartéis próximos à cerca alta da minha vida, os passeios dos meus antigos vizinhos antes de serem espalhados pelo projétil da ausência, os velhos sonhos a caminhar com muletas em direção a um mar que não se importa com eles, o último comprimido no armário da esperança, as contas do meu rosário sem fim, e eu deliro: Gaza... Gaza.

Quatro mil... quatro mil... quatro mil... não quatro, não quarenta, não quatrocentas, quatro mil mãos suaves tocam agora a porta de Deus, uma fila de anjinhos cobrindo o céu da vida, uma vida que parece velha sem filhos; quatro mil beijos perdidos no ar; quatro mil borboletas brancas sem flores para pousar;

quatro mil "mamães" que não se pronunciarão; quatro mil "papais" que partirão o coração vazio, de manhã e à noite; quatro mil sapatos coloridos sob as quatro mil mochilas escolares que guardam as tristezas dos lares; em mesas, quatro mil sanduíches de café da manhã que ninguém vai comer; quatro mil bicicletas quebradas nas estradas; quatro mil que nunca cruzarão o portão da escola, nunca irão a festas de formatura, nunca comprarão roupas de Eid, nunca terão amigos, ninguém lhes perguntará o que querem ser quando crescerem — eles apenas se sentarão para sempre ao lado do rio de lágrimas. Quatro mil fotos nas paredes, nos bolsos de quatro mil pais bebendo sua tristeza; pássaros famintos nas janelas de quatro mil mães bicando o pão do coração; quatro mil aromas que nunca sairão dos travesseiros; quatro mil livros nos quais a poeira da saudade se acumulará; quatro mil risadas eternas que quebram o vidro do tempo. Elas nunca envelhecerão, nunca deixarão a cena final, nunca sairão dos escombros, nunca encontrarão uma ambulância, nunca chegarão ao hospital, nenhuma pessoa de luto com elas nos funerais, nenhuma flor em seus túmulos. Apenas quatro mil no boletim de notícias.

Mais combustível para essa grande máquina que devora árvores e casas, crianças e livros, sonhos e histórias, ruas e risadas, bicicletas e cafeterias. Mais combustível para uma máquina tão grande que ninguém a vê. Atrás dela, escombros e cadáveres, cheiro de carne queimada, ambulâncias velozes e bombeiros cansados, boletins de notícias e políticos com camisas limpas e mãos levantadas para o veto. Vemos mulheres chorando, muitas mulheres chorando. Mais combustível para uma máquina sedenta que late de raiva; mais sangue e mais óleo de ódio.

É apenas mais uma guerra e ela passará, foi o que eu disse nos primeiros dias de uma guerra anterior. Nos primeiros dias, a guerra não significava nada para mim além de um hóspede incômodo que ficaria um pouco e, por fim, partiria sem nos ocupar muito. Mas estamos em uma guerra permanente e diária com a vida, lutando por eletricidade, água, travessias e oportunidades de emprego.

A guerra se acostumou conosco e nós com ela. Em Gaza, encaramos a guerra como se estivéssemos torcendo por nosso time em um jogo de futebol. Torcemos, e nossos gritos se intensificam a cada mártir que cai ou a cada casa demolida. Em Gaza, somos consumidos pela histeria do martírio. Não temos mais nada a oferecer à nossa vida miserável, exceto a morte; portanto, a enfrentamos com uma celebração exagerada e uma demonstração ostentosa.

A guerra redefine a vida, reinterpreta seu ser e, talvez, recalcule suas contas com o tempo e a história. Você é realmente a pessoa que afirma ser em termos de humanidade, civilização, cultura, beleza, rebeldia e criatividade? Ou é alguém completamente diferente do que jamais imaginou ser neste ano de 2023? Ou você está aqui devido a um erro de uma máquina do tempo tosca em um filme bobo?

Sua missão principal é encontrar um copo de água potável, uma luz para ir ao banheiro, um lar que não seja o seu, a salvo da morte, com um pouco de dignidade e orgulho diante de seus anfitriões, enquanto chora pela vida que está escorregando por suas mãos entre uma guerra e outra. Chega o momento em que você não é mais um poeta, nem mesmo um ser humano, quando precisa carregar seus filhos de uma casa para outra como um gato aterrorizado, assombrado pelos sons do terror, pelos gritos dos pequenos e pelos escombros. Essas feias migalhas de ferro que encheram a rua e que o levarão à prisão quando coletá-las se tornar o novo *hobby* de seus filhos.

Você não é de carne e osso quando vê as coisas de seus vizinhos espalhadas na calçada e continua seus passos com a certeza de que é o fim da vida. Você não é de carne e osso quando vê o número de mortos subir friamente diante de seu coração, atingindo cem mil, como um medidor de combustível abastecendo um carro apressado. Você não é mais você, pois a guerra o redefiniu.

Você é apenas pó espalhado por um vento selvagem a cada tiro de artilharia. Um deserto perseguido pela fome, por caçadores e pela natureza severa; primitivo, sem papéis, sem fotos, sem livros, sem informações e sem futuro. Você é o último na guerra, então não esgote sua alma escrevendo nem em belas contemplações, porque ninguém além de você entenderá esse absurdo. O que, em nome de Deus, significa descobrir de repente que a guerra redefine a vida?

Por outro lado, e sem intenção, a guerra redefine seu eu de forma inesperada. Sim, essa caça selvagem pode arruinar o caçador e até mesmo preparar armadilhas para ele. A guerra faz redescobrir as forças dentro de você e confirma muitos conceitos que permaneciam vacilantes em sua mente. Eles são sólidos e fortes e merecem que você se orgulhe deles. Por exemplo, escrevo para que você saiba que aqui e agora, com minha família ao meu redor, ficamos assustados com o som das balas caindo muito perto de um saco de farinha ou de uma jarra. A morte é tão importante para nós quanto conseguir o gás de amanhã. De repente, superamos o medo e a morte.

As pessoas aqui cortam as árvores nas ruas para cozinhar com lenha e arrancam madeira das mesquitas destruídas quando não conseguem encontrar um lugar para cozinhar. Transformam seus carros em lares, enterram seus mortos silenciosamente e dizem que morrer com a comunidade é uma grande misericórdia. Essa insistência incrível em dar continuidade à vida me abala profundamente. A guerra desperta a consciência coletiva de povos melhores, mais puros, mais fortes e mais distintos.

A guerra matou milhares de nós, mas despertou milhões de pessoas no mundo, que agora gritam por nosso direito à pátria. Demoliu nossos lares, mas abriu para nós os lares do mundo que estavam fechados havia décadas. Privou-nos de eletricidade, água e segurança, mas iluminou nossa mais bela imagem diante de nós mesmos e, antes de tudo, diante de nossos bárbaros inimigos. Certa vez, escrevi: "Se a guerra soubesse que cria bons poetas, ela atiraria em si mesma". Agora, digo: "A guerra atirou em si mesma".

Agradecimentos

Nossos agradecimentos ao atual Ministro da Cultura da Palestina, Sr. Emad Hamdan, e a Bothaina Hamdan, diretora geral de relações internacionais e de relações públicas do Ministério da Cultura da Palestina, cujos esforços tornaram possível a realização da edição brasileira dos *Diários de Gaza*. Agradecemos também aos idealizadores e organizadores da edição em árabe, Abd al-Salam Atari e Atef Abu Saif.

Os editores
outubro de 2024

Este livro foi composto em Scala, fonte criada por
Martin Majoor em 1990, e impresso em papel
Pólen Bold 90g/m² pela Leograf em novembro de 2024.

FSC
MISTO
Papel
FSC® C075537